Alleinerziehend *KlasseMami*

Mach es Dir *leichter* mit dem *Papa*

Warum Du nicht leiden musst.. und wie Du ihn perfekt handhabst!

FRAUKE SCHMIDT

ISBN-13: 978-1530062294

Gewidmet

Meinem Mann und Seelengefährten
Dominique, der mich hierzu inspirierte

Meinen Frauen
FÜR Eure Freiheit!

Bislang in der Alleinerziehend-KlasseMami-Serie-erschienen:

„Hol Dir Dein Leben zurück!“
Wie ich mir und meinem Kind ein glückliches, soziales und unabhängiges Leben erschuf.. und wie Du das auch schaffen kannst!

„Sei fit und attraktiv!“
Wie Du aus der Erschöpfung kommst.. und dabei unverschämt gut aussiehst!

“Die ultimative Single-Mama-Checkliste”
Wie Du aus der Isolation kommst.. und die schönsten Freundschaften knüpfst!

“Mach es Dir leichter mit dem Papa!”
Warum Du nicht leiden musst.. und wie Du ihn perfekt handhabst!

Inhaltsverzeichnis:

Mach es Dir *leichter* mit dem *Papa*

„Wer Freiheit aufgibt, um Sicherheit zu gewinnen,
wird am Ende beides verlieren“
- Benjamin Franklin -

Einleitung

Dieses Buch handelt von Freiheit.
Es handelt von Mut und Verantwortung.

Und es ist ein Buch, wie es keiner erwartet.

Wenn bei Dir die erste Ernüchterung eingetroffen ist, der ganz anfängliche Schmerz über den Verlust „Familie“ durch ist und es Dir bereits dämmerte, dass noch viel mehr auf dem Spiel steht, nämlich Deine FREIHEIT, dann greift nun dieser Band der Alleinerziehend-KlasseMami Serie.

Er zeigt Dir Wege, die die meisten nicht kennen, Geschweige denn sich überhaupt trauen sie zu gehen. Wege, die Dich niemals mehr Opfer unseres Systems werden lassen.

Du holst Dir hiermit Deine Selbstbestimmtheit und Dein Selbstbewusstsein wieder. Du musst zwar bereit sein Verantwortung für Deine Handlungen zu übernehmen aber lieber ein bisschen Anstrengung für die komplette Freiheit, anstatt permanente Anstrengung für Reagieren und Abwehr von Freiheitsberaubungen und dem Verlust und dem Verstreichen des eigenen Lebens.

Die Wahrheit, der Du in diesem Buch begegnen wirst, zeigt Dir ganz klare Lösungs-Schritte auf.
Du lernst hier:

- aus dem ewigen Kampf und dem Frust zu kommen
- Dir Deine Rechte selbstbestimmt zu holen
- die Situation sachlich und angemessen zu betrachten und die richtigen Entscheidungen zu treffen, welche Dich bei diesem Thema vorwärts und in ein glückliches, selbstbestimmtes Leben bringen.

Ich möchte Dir zeigen wie Du beim Thema „Papa“ in Deine persönliche Freiheit gelangst. Ich will dass jede Single Mama in ihre eigene Macht kommt und im Stande ist sich widrigen Verhältnissen zu entziehen.
Das zu bekommen was sie für ihre großartige Leistung verdient: komplette Handlungsfreiheit über ihr Leben mit Kind.

Wirst Du vom Vater Deines Kindes schikaniert und durch seine Handlungen Deiner Zeit, Kraft und/oder sogar Deiner Freiheit beraubt? und/oder will er alle Rechte, aber im gleichen Atemzug keinerlei Verantwortungen tragen?

Vielleicht lief es eine Zeit lang reibungslos, oder zwischendurch „immer mal wieder“ ganz gut. Aber das war nie von langer Dauer..? Dann wird es nötig anders zu handeln.

Wenn Du eine hervorragende Beziehung zum Vater Deines Kindes (Deiner Kinder) führst, dann ist dieses Buch nichts für Dich. Dann gratuliere ich Dir und freue mich mit Dir, dass Dein (Erziehungs-)Weg leicht und von Unterstützung geprägt ist.
Wenn Du allerdings zu dem Großteil der Mütter gehörst, die sich verbiegen müssen, einschränken lassen und keinerlei Unterstützung bekommen, dann erfährst Du hier endlich einen Weg auf Augenhöhe.

Aber da Du dieses Buch in den Händen hältst (oder Dir am Bildschirm ansiehst), gehe ich davon aus, dass sich Euer Umgang schwierig bis unmöglich darstellt und das es Dein Leben schwerwiegend beeinträchtigt.
Es ist deshalb für diejenigen meiner Frauen, die ohne Hilfe und dafür in Schikane und Entmündigung leben und die sich ihre Freiheit und Selbstbestimmtheit zurück holen wollen. Auf legale, „unböse“ Art und Weise.

Es ist für all die Frauen, deren Ex -Partner es sich zur Lebensaufgabe gemacht haben, ihre Leben zu erschweren und sie psychisch und körperlich zu schwächen. Mit diesem weiteren Band der Alleinerziehend-KlasseMami-Serie unterbrechen wir diese Zustände sofort. Und zwar auf harmonische aber eindeutige Art und Weise.

Ich zeige Dir in diesem Buch, wie Du Dich schützt und die alleinige Handlungsfreiheit in Deiner Alleinerziehend-Situation behältst und erhältst - passend, zu der alleinigen Verantwortung die Du so tapfer und gewissenhaft Deinem Kind gegenüber trägst und täglich ausüben musst.

Die größte Schwierigkeit, die stärkste Hürde und die quälendste (beinahe tägliche) Frustration einer alleinerziehenden Mama ist der Umgang mit dem Vater des Kindes.

Dabei kann es so unglaublich einfach und befreiend sein, wenn man sich an gewisse Regeln hält, sich diese antrainiert und sie bei Begegnungen und im Umgang praktiziert.

Ich bin in diesem Sinne, keine Feministin, die sich auf die Seite der Frauen stellt. Ich bin ein Mensch und fühle, dass Gerechtigkeit fehlt. Und da hapert es in unserer Gesellschaft bei alleinerziehenden Müttern noch gewaltig. Es sind nun mal zufällig die Mehrheit der alleinerziehenden Mütter, die unter dem anderen Elternteil zu leiden haben und nicht frei über ihre Lebenszeit verfügen dürfen.

<u>Wie gehen wir hier vor?</u>

Wir beachten auf dem Weg in Deine Selbstbestimmtheit selbstverständlich die Phasen, welche jede alleinerziehende Mama durchläuft und wandeln sie für uns und unser Leben ins Positive. Denn ich möchte Dich dort abholen können und zum Ziel geleiten, wo Du Dich jetzt gerade befindest.

Diese sind:

Die Phase der Enttäuschung = Du hast es Dir anders vorgestellt

Die Phase des Machtmissbrauches (Macht-Habens) = Kleiner Finger ganze Hand - Der Fehler in Deinem bisherigen Handeln

Die Phase der Stagnation und Resignation - nichts geht mehr.. = Du bist mittlerweile nur noch erschöpft davon

Die Phase der Bemühungen = Du denkst an Dein Kind, meinst Du müsstest jetzt noch mehr geben - wirst vom Gericht als schwach und händelbar eingestuft

Die Phase des Kampfes = Streit und Unverständnis in Deinem Alltag mit dem Vater

Die Phase der Endgültigkeit - Die Phase der Freiheit = Du bist es satt, hast genug gelitten und holst Dir Deine Selbstbestimmtheit zurück!

Die Phasen vermischen sich auch gern mal oder wiederholen sich. Außer die Letzte. Die ganz allein DU bestimmst, wann diese eintritt. Ich nenne sie auch gern „die Phase der Freiheit", denn nach dieser Phase treten die anderen nicht mehr in Erscheinung, bzw. haben ihre komplette Macht über Dich verloren.

Du brauchst keine Therapie, keine Richter, keine miesen Tricks, keine Anwälte und keine bestimmten Gesetzeslücken. Nur diesen Leitfaden.

Für dieses Buch werden mich viele Männer hassen, denn es macht aus Ohnmacht und Opfertum, selbstbestimmte und freie Frauen und Mütter, die im Leben klar kommen und glückliche Kinder großziehen können!
Aber es wird Zeit, dass sich etwas bewegt.
FÜR Freiheit und Gerechtigkeit.

Dies ist kein Leitfaden der von Groll getrieben ist, sondern beseelt von dem Wunsch alleinerziehende Mütter in ihre persönliche Freiheit zu verhelfen, und ganz normale menschliche Rechte endlich wahr werden zu lassen: Das Recht auf ein selbstbestimmtes und uneingeschränktes Leben.

Und das Ergebnis dieses Buches ist tatsächlich die erleichternde Wahrheit über „den leichten Umgang mit dem Papa".

Ich wünsche Dir dabei viel Mut und Willenskraft bei Deinem Schritt in die eigenverantwortliche Freiheit.

Deine Frauke
(Mensch, beseelt und mit dem natürlichen Recht auf Freiheit)

Kapitel1 Das Prinzip des leichten Umgangs

Die meisten Väter getrennter Eltern wünschen der Alleinerziehenden leider nichts Gutes und wollen es ihr meist so schwer wie möglich machen - Durch Terror, Unzuverlässigkeit, eigene „Regeln“, finanzielles alleine lassen etc. Daher ist meistens auch keine echte Eltern-Kommunikation mehr möglich. Gehörst Du dazu, ist es Deine oberste Pflicht/Dein oberstes Gebot ab jetzt auf Dich zu schauen und Dein Leben radikal „alleine“ zu leben.
Denn Du kannst ihn nicht ändern- Aber Dich.

Losgelöst der Predigen von viel zu verständnisvollen Erfüllungsgehilfen des Rechtssystems, die mit ihren Meinungen und Anordnungen Mütter drücken und ins psychische sowie körperliche K.O. treiben. Allein bedeutet hierbei:

- Warum machst Du Dir Gedanken Dir bei ihm keinen Fehler leisten zu dürfen?
- Warum machst Du Dir Gedanken keine Nachteile zu erlangen?
- Oder warum machst Du Dir überhaupt noch Gedanken über den Vater?

Weil Dir das ein komisch denkender Mensch vom Jugendamt sagen will? Lass es. Höre jetzt damit auf Dir falsche Verhaltensweisen aufoktroyieren zu lassen, die bislang zu dem geführt haben, wo Du mit ihm jetzt gerade in eurer Elternschaft stehst.

Wenn Du etwas planen willst dann berücksichtige den Vater nicht mehr Primär mit ein.
Wenn Du etwas tun willst dann tu es.

Wenn Du spontan die Möglichkeit zu schönen Dingen für Dich und Dein Kind hast und der Vater will dies verhindern, vergiss was Du „musst". Und tu es ab jetzt.

Man sollte sich als Mensch freuen wenn Kind und Mutter die Chance auf plötzlich unerwartete, schöne Möglichkeiten und endlich mal erholen bekommen. Ausfallender Umgangstermin hin oder her. Das darf Dich nicht mehr beschäftigen. Nimm den Stress einer solchen Situation nicht an, mach Dir keine Gedanken darüber und hab keine Angst vor den „Folgen".
Tust Du dies doch, so ist die Folge, das Du Dein Leben an Dir vorbeiziehen lässt und verkümmerst.

Vergiss was Du „musst" und tu was Du in Deinem Leben brauchst

Die meisten Mamas verschwenden Kraft, Geist und Sorge an ewigem Diskutieren und hin und her Mailen und Sms-en in einer längst zerrütteten und schädlichen Beziehung. Lass es! Wenn die Kommunikation seit so langer Zeit schon nicht möglich ist, dann hör auf weiter daran zu probieren!
Denn Du befindest Dich offensichtlich auf einer falschen Ebene. Würdest Du auf richtiger Ebene Kontakt haben, so wäre dieser entsprechend erfolgsträchtig.

Wenn Gerichte Mütter zwingen wollen sich drangsalieren zu lassen, musst Du aus menschlicher Sicht nicht mitziehen. Hier gilt: „Erst handeln und später überlegen.“ Wenn Du Dich evtl. im Nachhinein vor einem Gericht rechtfertigen musst.

Ja, Du hast gerade richtig gelesen. Denn sonst grenzt Du Dich ein Leben lang ein. (Deine Jugend und die nächsten 20 Jahre!).

Aber es gibt verschiedene Arten so zu handeln. Die eine bringt Dir Probleme - die andere bringt Dir diese Selbstbestimmtheit ohne schlimme Folgen..

Ein jeder Mensch hat ein Recht auf ein privates Leben. Und so auch Du. Du musst lediglich Umgang gewähren. Auf welche Art und Weise dies geschieht damit Du nicht in Deinem privaten Leben eingeschränkt wirst und ohne gravierende Nachteile lebst, kommt noch.

Ungenutzte Möglichkeiten durch ständige Rücksichtnahme auf einen Vater der euren Alltag nicht mit bestreitet bedeuten Entwicklungsstopp für Dich und Dein Kind.
Denn wenn die Mutter durch Einschränkungen all die normalen Dinge des Lebens verpasst, kann sie nicht mehr am Leben teilnehmen. Es ist mir selbst passiert!

Wenn ein Beschluss besagt das Du etwas nicht „darfst“, Du es aber trotzdem machst, weil es Dir/Euch gerade gut tut, bzw. weil alles andere euch nicht gut tut - Du dies also später plausibel und logisch vertreten kannst - ist alles ok!
Nur Angst hindert Dich und der Gedanke an den Vater, und das was danach an Konsequenzen kommen könnte.
Egal wie „die Anderen“ das finden. Wie findest DU es? Das ist das einzige was zählt..

Du musst Dich nicht bis zum Umfallen an einmal beschlossenes halten! Und wenn Papa Kopfstand macht. Es ist an der Zeit aufzuhören sich an starre Vorgaben zu halten, die für niemanden gut sind, und anzufangen flexibel zu schauen was Mutter und Kind gerade wirklich brauchen. Umgang kann trotzdem stattfinden.

Wer Dir nichts Gutes will, hat nichts mehr primär in Deinen Lebens-Plänen zu suchen. Dafür wird man Dir NICHT das Kind wegnehmen.

In 10 Jahren kannst Du aber sagen; „Ich habe mich nicht einschränken lassen, mir nichts zu schulden kommen lassen und konnte doch meinen Weg verfolgen."

Trau Dich FÜR DICH einzustehen.
Du musst Dich nicht völlig unterordnen.
Die Formel lautet: Kein radikaler Umgangsabbruch,
aber Umgang radikal zu Deinen (Euren) Gunsten.

Ich gehe davon aus, das Du zum jetzigen Zeitpunkt in katastrophalen Zuständen mit dem Vater Deines Kindes lebst. Sollte dies nicht der Fall sein und Du bekommst Unterstützung von ihm und es gibt nichts schlimmes zu berichten, gratuliere, dann kannst Du dieses Buch wirklich weglegen.

Da die meisten alleinerziehenden Mütter aber im Terror mit dem Vater leben, ihr eigenes Leben immer mehr den Bach runtergeht.. und sie in Ohnmacht und unfairen Gesetzen versinken, ist dieses Buch für Dich. Für den Wandel. Für das Absterben des Alten und das Entstehen des neuen Guten.

Sei ein bisschen offen, trotz eventuell momentaner schwerwiegender Hass- oder Verzweiflungsgefühle.
Ich biete das Richtige in der richtigen Reihenfolge an, damit Du mitkommst und damit alles gut wird. (Sogar für alle!)

Ich möchte mich, wie in jedem meiner Bücher, nicht auf die schlechten Zustände konzentrieren - wie die neuen gestärkten Väter-Rechte und die geschwächten Mütter-Rechte -
Das diese unmöglichen Zustände da draußen sind und unzählige Mütter leiden und am eigenen Leben gehindert werden, weiß ich.
Ich möchte eine Lösung behandeln. Nicht das Übel auseinandernehmen und verstärken.

Ich bin an der Lösung dessen interessiert.
Ein Vater der das Kind nicht liebt.. Ein Vater der nur Rechte nimmt und Pflichten ignoriert.. Ein Vater der keiner ist.. wollen wir uns wirklich darüber unterhalten?! Schon wieder? Nein! Es ist Zeit für Veränderung. Nicht irgendwann, nicht geplant im morgen, sondern jetzt und zwar genau jetzt!

<u>Die wichtigste Regel: Gib ihm keine Macht mehr-</u>
Und das ist nicht negativ gemeint.
Du kannst mit Deinen Handlungen, unabhängig wie eingrenzend Gesetze und Auflagen sind, ihm unheimlich viel Macht geben, oder sie ihm komplett entziehen- Ich zeige Dir den richtigen Umgang dazu auf und möchte, das Du trotz gestärkter Väter-Rechte, Gesetzeslagen und Umstände Dir Deine Macht zurückholst, sie ihm entziehst. Denn er hat bewiesen das er damit nicht umgehen kann und das es für Euch und das Kind eine schädliche Atmosphäre erschaffen hat.

Und ich möchte das Du sie stattdessen auf das lenkst was Du haben und erreichen willst. Und dies dann tust!
Auf eine „unböse“ und einfach ganz natürliche Art und Weise. (Das wird Dir im Verlauf des Buches noch deutlicher. Hab ein bisschen Geduld, damit es nach und nach in Deine Zellen sickern kann..)

Was Dich häufig in dieser Situation festhält:
Du und viele andere Mütter lassen sich viel zu sehr von (besorgter) Familie, eigenem Anwalt (der in einem verquerten System ausgebildet wurde), Richtern, Umgangspflegern etc. einschüchtern, verunsichern und in Richtungen pressen die sie immer mehr einschränken! Das das nicht muss und wie Du es abschaffst, zeige ich Dir. Und es klappt. Ich zeige es Dir mitunter an meinem Beispiel..

Ich weiß genau was Du durchmachst und was für Empfindungen Du zum Vater und für Deine Situation hast.
Du hast aber mehr Möglichkeiten als Du Dir selber zugestehen willst.. als Du Dir JETZT NOCH selber zugestehen willst :) Und ganz allein Deine Angst hält Dich davon zu diesem Zeitpunkt noch ab.

Unabänderliche Fakten:

- Du wirst den Vater immer mehr oder weniger „in“/an Deinem Leben haben (Je nachdem wie klug Du Dich anstellst). Er wird nicht auf einmal tot umfallen und weg sein.

- Du kannst Dich darauf einstellen das es noch viele, viele Jahre (solange Dein Kind Kind ist) noch einiges unangenehmes geben wird, sofern er Dir auch bislang nichts Gutes gewünscht hat. Die Frage ist lediglich wie Du damit umgehst.
- Du musst laut Gesetzeslage Umgang gewähren. Mittlerweile ist noch nicht einmal mehr eine Vergewaltigung des Kindes Grund genug den Umgang abzubrechen - So krank ist unser System.

Aber Du kannst trotz das er da ist Dein Leben weiter leben (egal ob alleiniges oder getrenntes Sorgerecht) und Freiheitsberaubung oder Schikane musst Du nicht akzeptieren. Dein Kind kann trotzdem einen Vater haben. Aber so, dass keiner mehr leiden muss.

Nimm durch bestimmte Handlungen die komplette Aufmerksamkeit von ihm ab.

Konzentriere Dich auf eine **neue Liebe**. Darauf den Mann Deines Lebens kennenzulernen! Den, den Du wirklich willst. **Sei erfolgreich!** Mach Dich am besten von zu haus aus nebenbei selbstständig und verdien' einen Haufen Geld. Es war nie einfacher als heute..! Fahr damit so häufig in den Urlaub wie Du willst und wie ihr braucht.

Lass Dich niemals zu Deinen Nachteilen einschränken.

Wenn Du meinst Du kannst Dein Kind heute nicht rausgeben (weshalb auch immer) dann lass es halt- Du bist die Mutter! Hauptsache es geht nicht um starres Verwehren und es bleibt ein Vater-Kind-Umgang erhalten. Wie auch immer dieser ausschaut..

Das Kind lebt bei Dir. Und wenn Du echte Gründe hast (also keine die aus Gnatz entstehen), dann ist alles O.K.
Die Regeln macht schriftlich wer anderes (Gerichte etc.), **aber DU entscheidest im Moment wie Du sie lebst.** Das ist nämlich der „Zeit-Schlüssel“ welche sich viele nicht trauen ihn zu benutzen und weshalb sie sich selber in der ihnen auferlegten Einschränkung selbst gefangen halten.

Trau Dich das mal. Probiere es aus.. Trau Dich Dein Leben selbstbestimmt zu leben. Selbst wenn Du dafür wieder zum Gericht eingeladen werden solltest.. das ist lästig, aber zweitrangig und es hört irgendwann auf wenn Du Deinen Weg gehst.

Wenn der Vater z.B. jedes mal 20 Minuten zu spät kommt, gehst Du ab jetzt nach 5 Minuten weg und pellst Dir ein Ei drauf, ob Du das „darfst“ oder nicht. Das ist Deine Zeit. Dein Leben. Denk mal so herum.

So herum denken kannst Du erst wenn **die Angst** abgelegt wurde, **die so viele Mütter lähmt**. Sie ist unbegründet, aber mächtig.. Und selbst wenn Du Dich komplett null an irgendetwas was beschlossen wurde hältst, kann man Dir trotzdem nicht das Kind wegnehmen. Nur „Du, Du, DU.. Du musst aber“ kann man immer und immer wieder sagen. Aber sonst kann Dir da niemand was.

Ich will Dir damit nicht sagen sei scheiße und mach es ihm so schwer wie möglich, dann wäre ja wieder die Aufmerksamkeit bei ihm und Du weiterhin in der Misere.

Ich will Dir damit verdeutlichen das Du keine Angst haben sollst. Das ist gewollt und das ist das Ziel von Menschen in diesen Machtpositionen: Mütter einschüchtern, um sie zu schwächen.

Bitte erkenne das es wirklich nur Einschüchterungen sind. Ängstliche Mütter machen nämlich weniger Scherereien und es gibt weniger wieder aufgerollte Gerichtsverfahren. Das mag ein Richter nicht, wenn sich die Sache zieht. Denn soetwas wirkt sich schlecht auf seine Gehaltsstufe aus.

„Oh Gott, was wenn ich mich jetzt falsch verhalten habe, was wenn der Vater jetzt wieder was initiiert oder selbstgeschaffene Beweise anhäuft die mich entrechten!"
Wirf all das ab!

Echte Beweise kann er nur haben wenn Du echt Übel bist. Das bist Du nicht.
Es steht immer meist nur Aussage gegen Aussage. Dafür brauchst Du nur auf Langzeit einen guten Anwalt der Dich da durch evtl. Termine navigiert. In der Zeit dazwischen nimmst Du Dich nur unnötig selbst gefangen. Mach Dich da wieder frei!

Die angebliche Machtposition des Vaters erzeugt Deine momentane Ohnmacht.

Hol Dir Deine Macht zurück! Es gibt einen Weg. Aber dieser geht von Innen. Ich kann Wörter tippen, die nie bei Dir ankommen oder vielleicht erst in Jahren wenn Du diese noch einmal ließt. Deswegen versuche ich es mal so herum:

Stell Dir vor wie der Anwalt der Gegenpartei Dich einschüchtern kann, Dich mit Lügen völlig aus der Fassung holt. Was ein Richter damit macht zählt doch gar nicht für Deine persönliche Freiheit! Oder wer Recht oder Unrecht hat! Es ist egal was für ein Beschluss dabei heraus kommt und was für Einschränkungen darin stehen. Was DU damit machst zählt für Dein Leben.

Ich will nicht sagen „Hör auf zu kämpfen", aber kämpfe ab jetzt anders und auf unerschöpfende Art und Weise.
Geh den Weg von Innen nach Außen. Egal welche Gesetze, egal welche Beschlüsse. Befreien kann Dich nur.. DU SELBST (!)

Das schließt auch ein, das Du Auflagen für Dich und euren Alltag „abänderst", wenn es nötig ist sie zu ändern. Das kannst Du später, wie schon erwähnt, immer noch erklären falls es zu weiteren Gerichtsterminen kommt.

Nur Deine Angst hindert Dich daran selbstbewusst Dein Leben zu leben und dazu zu stehen, wenn etwas festgelegtes nicht umsetzbar ist.
Du bist nicht wirklich ohnmächtig. Du hältst Dich selbst durch Deine Sorgen ohnmächtig.

Durchbrechen wir nun diese Ohnmacht und hangeln uns durch die verschiedenen wichtigen Alleinerziehend-Phasen mit dem „Papa"..

„Die Welt gehört denen, die lauter denken, als andere schreien."
- Alan Posener, Redakteur -

Die Phase der Enttäuschung

Kommen wir zur ersten Phase des ganzen Prozesses: Der Phase der Enttäuschung. Du hast es Dir einfach anders vorgestellt. Deine Vorstellung von Familie und die jetzige Situation verwirren Dich und Du fühlst Dich zuweilen schwach und verzweifelt..

Kapitel 2 Du beherrschst Deine Emotionen - nicht Deine Emotionen Dich!

Deine Absicht hinter diesem Thema muss stimmen. Und es sollte Dein grundlegender Wunsch nach Freiheit und Rückgängigkeit der Entmündigung sein, der Dich bewegt.

Das hier ist auch kein „mal-eben-machen-und sich-freuen" Ding. Möchtest Du Vergeltung? Deine Gefühle und den Missbrauch rächen..? Dann ist dies hier nicht der Weg für Dich.
Möchtest Du Freiheit erlangen, auferlegte Fußfesseln abwerfen und Möglichkeiten für Dich und Dein Kind haben, einen erfüllten Lebensweg gehen zu können.. Dann lohnt es sich, diesen Weg aufmerksam zu üben und ihn umzusetzen..

Und wenn Dir Deine Emotionen dabei im Weg sind, kannst Du ziemlich blind und unvorsichtig werden..

Deshalb beginnen wir lieber gleich hier, bei diesem wichtigen Praxisteil.
Du musst lernen Beobachter zu werden und Dich nicht von Deinen Gefühlen wie Wut, Hass, Trauer, Hoffnung und Enttäuschung beherrschen zu lassen.

Lerne als Beobachter ALLES WAS ZWISCHEN EUCH PASSIERT nüchtern zu betrachten. Nur so kannst Du Deine Emotionen handhaben und wirst nicht von ihnen beherrscht.

Dafür gebe ich Dir gleich noch einen schönen Aktionsschritt, mit dem Du das gut wirst umsetzen können.

„Nimm jede Emotion von ihm herunter, egal welche und das Machtverhältnis zwischen euch wird sich verändern."

Wenn Du Deine Emotionen erst einmal unter Kontrolle hast und sie keinerlei nachteiligen Einfluss mehr auf Dich haben, wirst Du staunen wie viel Macht Du auf einmal wirklich hast!

Dahin bringen können Dich diese 3 Schritte-

- Schritt 1: Emotionen erkennen und in befreiende Fakten umwandeln
- Schritt 2: Die Qual der „Über-Moral" abschaffen
- Schritt 3: Du wählst das richtige „Programm"

Schritt 1: Emotionen erkennen und in befreiende Fakten umwandeln

Viele Frauen leben die unbefriedigende Eltern-Beziehung zum Anderen auf einer zu nahen, grenzenlosen und emotionalen Ebene. Das ist unangebracht. Denn wenn es keine Partnerschaft ist, machst Du Dich auf dieser emotional nahen Ebene angreifbar und navigierbar. Wechsle jetzt auf eine andere Ebene.

Wirf mit Deinem Verstand einen Moment einen Blick auf Deine unerwünschten Gefühle.
Worüber denkst Du zwischendurch immer wieder nach, was in Dir diese Emotionen auslöst? Welche hast Du bei direkten Begegnungen?

Beispiel:

„Der Vater kommt immer übermäßig zu spät und sagt mir nicht wo er das Kind mit hin nimmt."

Wandel nun im nächsten Schritt diese Emotionen in befreiende Fakten um, denn dann hört auch das grübeln und falsch gefühlte „Schuld" auf.

Emotion als umgewandelter Fakt:
„Er weigert sich mit mir zu kommunizieren und verhält sich respektlos meiner Zeit und unseren Vereinbarungen gegenüber." → Gar nicht mehr so schlimm wenn es nüchtern angeschaut wird.
Beispiel Nr. 2:

Oder Du bist von Deinen Gefühlen so verwirrt, dass Du denkst ihr müsstet tatsächlich eine Familie sein und es müsste alles laufen und Du müsstest Dich bis zum Umfallen dafür bemühen, obwohl Du ihn die meiste Zeit nicht in Deiner Nähe haben willst? Nur weil ihr ein gemeinsames Kind habt?

Dann Sei auch mit dieser Emotion ehrlich zu Dir selbst und wandele sie in Fakten um:
Liebst Du diesen Mann als Person und Menschen, oder liebst Du nur die Vorstellung eine intakte Familie (mit leiblichen Eltern) zu sein..? Höchstwahrscheinlich ist hier die 2. Antwort der Fall-

Solche Empfindungen sind nur grundsätzliche Wünsche, die völlig losgelöst von dieser Person sind. Du fühlst Dich dadurch unbewusst diesem Menschen (und Deinem Kind) verpflichtet und denkst, Du dürftest niemand anderes kennenlernen und in Dein Leben lassen.

Was passiert? Er hat die Macht über Dich. Du handelst aus Schuldgefühl primär nach ihm und bist wieder in der Rolle des Reagierenden. Du kannst keinen tollen Mann in Dein Leben lassen.. Und den wünsch ich Dir so..

Also, passend umgewandelter Fakt zu dieser Emotion:
Du wünschst Dir ECHTE Familie → Wieder eine befreiende nüchterne Erkenntnis.
Siehst Du? Ohne falsch angebrachte Emotionen siehst Du was wirklich ist.

Ein Fakt ist ein ehrlicheres, klareres Gebilde als eine aufwühlende Emotion. Du kannst damit viel besser umgehen.

Dennoch sind all solche Emotionen normal, wenn man sich zwangsläufig begegnet. Und all diese Emotionen halten Dich als Opfer gefangen!
Wenn Du sie rechtzeitig befreist und in echte Fakten umwandelst befreist Du Dich damit auch immer weiter selbst.

Fakt über falsch angebrachte Emotionen:

Wenn Du Dich von Deinen Gefühlen beherrschen lässt, presst Du Dich immer selber in die Opferhaltung.
Wenn Du anfängst Deine Emotionen an die Fakten - an die Gegebenheiten - anzupassen, dann bist Du frei und „straight“ (geradlinig = eine Eigenschaft, die Du als alleinerziehende Mama brauchst.).

Sobald Du dies tust verspürst Du beim Vater Deines Kindes immer weniger Trauer, Wut, oder Enttäuschung.

Du versetzt Dich das erste mal in die Lage diese Beziehung angemessen anzugehen. Nämlich sachlich und emotionslos. Und das kommt auch Deinem Kind zugute! Denn Mama wird entspannter und die Grundatmosphäre kann sich zwischen euch allen verändern! Verwechsle es nicht mit Kälte. Denn Kälte ist auch eine Emotion, die Dich und diese Situation negativ beeinflusst.

Sachlich und emotionslos ist angemessen für diese „Beziehung“! Ihr habt nämlich eine Beziehung und keine Partnerschaft. Das macht den guten Unterschied an der ganzen „Sache“ zwischen euch und Du leidest nicht mehr. Sei ein sachlich emotionsloser Beobachter und kein Opfer!

Jeder kann sich verändern und sich entwickeln.. Alles ist möglich.
Aber spätestens nach Jahren darfst Du aus nicht greifbaren und offensichtlich belastenden Zuständen nüchterne, klare Fakten herausfiltern und eure „Beziehung“ auf eine Dir angenehme und leichte Ebene heben, sodass Freiheit und Liebe wieder existieren können. In Deinem Leben, im Leben Deines Kindes.. und sogar in seinem..

Der Emotionale handelt nicht klug.
Der Nüchterne trifft viel passendere Entscheidungen und kann als Beobachter verantwortungsbewusster handeln.

Lässt Du Dich noch von Deinen Emotionen beherrschen und fällst durch ihre Blindheit immer wieder aus allen Wolken? Oder bist Du bereit dazu zu lernen und Deinen Emotionen keine Macht zu geben, mit der sie gar nicht umgehen können..

Hier Dein Aktionsschritt!
Schau Dir für diese wichtige Klärung einmal Deine Emotionen in Eurer Elternbeziehung an.
Hast Du Hoffnungen? Erwartungen? Das Bedürfnis nach Hilfe und Verständnis? Und schau Dir parallel dazu an, was bislang (in der Vergangenheit bis jetzt) davon erfüllt wurde.
Das wäre die Beobachter-Position, welche nüchtern Fakten erkennen kann. Also klare Wahrheiten.

Das, was Du als dieser Beobachter siehst, ist das was Du auch in Zukunft erwarten kannst bzw. nicht erwarten kannst. PUNKT

Z.B. die Hoffnung bei Krankheit Hilfe und Unterstützung zu bekommen, die bislang nie erfüllt wurde. Es wird mit größter Wahrscheinlichkeit auch in Zukunft unerfüllt bleiben.
Du bekommst hiermit vom Verstand her Gewissheit über Deine (Eure) aktuelle Situation und musst nur noch Deine Emotionen beherrschen lernen.

Das tust Du, indem Du die Erwartung (z.B.auf Hilfe) einfach als unerfüllt akzeptierst und Dich mit dieser nicht mehr aufhältst. (Damit aufhalten tun sich nämlich NUR Deine Emotionen!)

Sich nicht mehr von seinen Gefühlen beherrschen zu lassen, sondern sie zu beherrschen bedeutet Verantwortung zu übernehmen und die Entscheidung getroffen zu haben, das es ab jetzt vorwärts geht mit Deinem Leben - Und das kann ganz schnell gehen..

Dazu musst Du natürlich Deine Kommunikation mit dem Vater verändern. Das muss am Anfang etwas geübt werden, wird aber schnell zu einer angenehmen Routine.

Im weiteren Verlauf dieses Buches zeige ich Dir noch konkrete Übungen beim Vater direkt, die Dich das Beherrschen Deiner Emotionen auch in schwierigen Situationen Stück für Stück auch wirklich schaffen lassen. Vor allem wenn Du noch tief da drin steckst (Wut, Hass, etc.)..

Schritt 2: Die Qual der „Über-Moral" abschaffen

Moral und Schuld. Damit kann man eine Alleinerziehende packen.. Und genau das tun auch die Väter und die sich einmischenden Institutionen.

Über-Moral ist hierbei das Gefühl, die Vater-Kind-Beziehung unterstützen und stärken zu müssen. Auch wenn das Eltern-sein nur von einem Elternteil erfüllt wird (von der Mutter).
Das berühmte „Kindeswohl“ ist die ständige Begründung für alles. Und das Wohl der Mutter wird völlig außer Acht gelassen.

Vom Verstand ist es klar. Der eine Elternteil erfüllt seine Aufgabe, der andere nicht (hält keine Termine ein, zahlt nichts, beteiligt sich weder an Erziehung, noch an anderen Dingen die erledigt werden müssen, stellt nur Forderungen und schikaniert.).

Wenn der andere es nicht kann oder will, ist es nicht meine Aufgabe diese Beziehung trotzdem stärken zu wollen (Für das Kindeswohl) Denn ich/Du.. wir erfüllen ja unseren Part!

Nehmen wir mal ein anderes Beispiel um die Kraft der Moral in dieser Alleinerziehend-Geschichte zu entdecken:

Zwei Geschäftsleute sind einen Vertrag eingegangen. Nur einer der beiden erfüllt diesen Vertrag. Der andere nicht.
Übernimmt jetzt der, der sich an den Vertrag hält die Aufgaben des anderen Geschäftsmannes und zahlt ihn trotzdem noch aus?

Nein! Er kündigt ihm den Vertrag! Und sucht sich jemanden, der sich an den Vertrag hält oder macht halt alleine weiter!

Und die Moral? Der arme andere..? Der es nicht hinbekommen hat, sich an den Vertrag zu halten..? Eher nicht.. Der Andere muss lernen, sich beim nächsten mal an den Vertrag zu halten, wenn er Geschäfte machen will! Und kann nicht erwarten, dass sein Gegenüber zurücksteckt und ihm die Entwicklungsarbeit abnimmt.

Steht in diesem Beispiel-Fall überhaupt nicht zur Debatte! Warum in Deinem..?

Weil Du ein höchstwahrscheinlich gutmütiger Mensch bist und von Institutionen mittlerweile so gehirngewaschen wurdest. Sonst wärst Du nicht in dieser verzwickten Angelegenheit der Vater-Problematik gefangen.
Und Du kannst froh sein, so menschlich zu empfinden. Aber Du willst ein glücklicher Mensch sein und deshalb lerne ein bisschen dazu, unangebrachtes Pflichtgefühl von angebrachtem zu unterscheiden..

Niemand auf der Welt kann erwarten, dass andere für sie Arbeit und Verantwortung schultern. Und wenn Du dies doch - zwangsläufig - tust können nicht noch zusätzlich Ansprüche erhoben werden.

Das ist das Paradoxe an diesen gesellschaftlichen Alleinerziehend-Bestimmungen. Es gibt gewisse Regeln. Aber weil andere darauf pfeifen, heißt es nicht, dass sie unrichtig sind.

Und wenn Du wegen MORAL darunter leiden solltest, dann hat nicht nur Dein Gegenüber was zu lernen (sich an Regeln zu halten und seine Pflichten genauso ernst zu nehmen, wie seine Rechte), sondern Du musst erkennen das andere die Regeln missachten und lernen, anstatt mit diesen Mitleid zu haben, schnell weiter zu gehen.
Zu Menschen, die Dich und eure gemeinsamen Pflichten in eurer „Zusammenarbeit“ ernst nehmen!

Damals (Noch ziemlich zu Beginn meiner Mutterschaft), wurde mir nach schlimmeren Schikane -aktionen des Vater nahegelegt mich um ein Einzelgespräch bei einem Institut für seelische Begleitung für alleinerziehende Mütter zu bemühen.
Dort fragte man mich zum Thema „Aber-das-Kind-braucht-einen-Vater“ was meinem Kind denn fehlen würde..?
Es bekomme schließlich alle Liebe und Fürsorge von mir und auch von anderen lieben Menschen aus dem Umfeld, die sich kümmern wollten und es hätte daher doch alles was es braucht..

Es braucht nicht notwendiger Weise mit größtem Druck einen Vater-
Und nur einen physischen, der sich nicht wie ein fürsorgender Vater einbringt, braucht es mal gar nicht.. Das leuchtete mir sogar auf der Gefühlsebene sehr logisch ein.

Die Erkenntnis das Liebe nicht aus festen Schubladen zum Kind fließen muss, sondern einfach nur Liebe egal von wem, hat mir das Papa-Schuldgefühl der Über-Moral genommen.

Du machst Dich nicht schuldig, wenn Du Dein Leben ohne den Vater planst und Deinen Dingen und Vorhaben im Leben Priorität gibst (z.B. verreisen, wenn Du es willst..). Oder plant Der Vater Deines Kindes DICH und Deine Bedürfnisse irgendwo mit ein..? (Wenn dem so ist, leg dieses Buch weg und freu Dich über die Unterstützung..)

Du trägst keine SCHULD, weil Du ein Kind (Dein Kind)
UND ein lebenswertes Leben willst!

Dein Aktionsschritt:
Schmink Dir falsche Moral und falsches Pflichtgefühl von der Backe! Heb Dir das lieber für Menschen auf, die Dich und eure „Zusammenarbeit" ernst nehmen!
Wenn Du wieder in solch eine Situation kommst, dann denk an die Geschichte mit den Zwei Geschäftsleuten. Das macht es Dir leicht, Dein falsches Pflichtempfinden zu entlarven und es als Über-Moral abzuschaffen.

Trau Dich zu Dir zu stehen! Es ist Dein Recht!

Schritt 3: Du wählst das richtige „Programm"

Es gibt hierfür zahllose Programme, die Du wählen kannst:

Da wäre das Programm des armen, finanziell geschwächten Opfers.., die verbitterte alte Hexe.., die ewig enttäuschte Jungfrau.., das hoffende und gelähmte Puttchen und, und und.. Igitt! Das alles sind mögliche Programme..

Wie wäre es, wenn Du Dir mal ein Programm aussuchen würdest.. und nicht nur das- Wenn Du es vorher sogar selber kreieren würdest :)
Aha..! Diese Möglichkeit gibt es nämlich auch..
Und sie ist nicht nur eine Möglichkeit, sondern sie ist schon JETZT Realität! Denn so, wie es genau jetzt bei Dir läuft, ist damals Deine freie Wahl gewesen!
Nicht bewusst, natürlich.. Aber unbewusst. Sonst wärst Du nicht in dem unangenehmen „Programm", in dem Du gerade steckst.

Alles was ist, musste vorher einmal von Dir (unbewusst) gewählt werden und Du hast Dich dann dementsprechend verhalten. Denn sonst wäre es nicht existent. Und Du kannst und sollst hier und heute Dein neues und optimales Programm wählen und festlegen..

Dazu musst Du anfangen Dir Gedanken zu machen, was Du möchtest. Denn ohne Ideen, kann auch kein Plan entstehen. Und genauso gewiss ist auch, dass ohne einen Plan nichts umgesetzt werden kann!

Politiker, wie Präsidenten etc. entscheiden nicht heute urplötzlich einen Afghanistankrieg zu starten.. sie haben ausgearbeitete Schlachtpläne, die sie während ihrer Amtszeit nur noch abarbeiten. Es gibt sogar Pläne, die auf ganze Jahrzehnte ausgelegt sind und jeweils von den Nachfolgern eines Staatsoberhauptes übernommen werden, um sie zu Ende zu führen.

Ein Architekt fängt auch nicht an, einfach mal los zu bauen, sondern bringt erste Ideen zusammen und macht dann daraus einen detaillierten Plan.. der später Gestalt annimmt.

Warum erzähle ich das..?

Kennst Du Pam Grout (Autorin) aus den vereinigten Staaten? Sie ist Multimillionärin und alleinerziehende Mutter. Sie wendet diese Gesetze an und meinte, sie hätte auch das gängige Alleinerziehend-Programm fahren können.. Armut und Leid, etc.. aber sie habe sich für das andere entschieden und es aktiv erschaffen.

Deswegen hier Dein 1. Aktionsschritt zum Thema „Ruder wieder in die Hand nehmen“:
Mal Dir ganz genau aus, **was Du gerne wärst, wo** und **als was Du es gerne wärst**. Erlaube Dir auch scheinbar aberwitzige Träume in Erwägung zu ziehen. Dir fällt dann auch auf, dass Du völlig unbewusst über Dinge sinniert hast, die Dich dahin gebracht haben wo Du jetzt leider gerade bist.

Nimm Dir dazu am besten einen Zettel und schreib einfach auf was Du **haben** und **sein** willst. Wenn Du blockiert bist, weil Du in Deinem tiefen Tal nicht mehr weist was Du willst oder ob Du überhaupt noch etwas willst, dann tue dies:

- Schreibe alles auf, was Du nicht mehr willst und formuliere es dann in das logische Gegenteil davon um. **Und dann hast Du Deinen Willen auf Papier.**
- Überlege dann wie das passende Programm dazu wäre. In etwa: freudig, vorwärts, erfolgreich.. oder: unabhängig, weiblich und genießend.. such Dir was aus!

Schreib es oben drüber, streich alles negative, sodass nur noch Dein Wille passend zu Deiner Programmüberschrift dort steht und pack es à la Staatspräsident in Deine Schublade.
Deinen „Plan“ holst Du ab und an aus der Schublade. Denn Du willst ja nicht vom Kurs abkommen..

Dieser Aktionsschritt wird Dich aus den Handlungen „zum Papa hin“ wegholen und Dich mehr „zu Dir hin“ holen. Deine Absichten sind nicht gegen etwas Schlechtes, sondern für etwas Gutes. Daraus resultiert das man Dich von außen (Gericht etc.) weniger angreifen kann!

Und hier Dein 2. Aktionsschritt zu diesem Kapitel:
Wenn der Vater mit irgendwelchen Dingen an Dich herantritt, dann überprüfe in diesen Momenten genau, ob es um völlig normale Dinge den Umgang betreffend geht, oder ob er seine eigenen Emotionen auf Dich abwälzen will.

Alles legitime den Umgang betreffend ist akzeptabel- Du sollst nicht nur lernen Deine eigenen Emotionen unter Kontrolle zu bringen, sondern auch seine! Verlässt er die Nicht-partnerschaftliche-Ebene, wird unsachlich und/oder emotional - alles was nicht mit dem Umgang direkt zu tun hat (Umgangszeiten oder Dinge Dein Kind betreffend) - dann solltest Du Deine Emotionen im Griff haben, Dich auf der Geschäftsebene aufhalten und die Konversation abbrechen.

Fühlst Du Dich schon ein weeenig mehr aus der Opferrolle draußen und etwas mehr als Herrscher der Situation? Super.. denn es geht erst noch richtig los.

Denn nachdem Du nun das Händeln der Emotionen kontinuierlich trainierst, geht es jetzt nämlich in den nächsten dazu passenden Schritt über: In Dein grundsätzliches Alltagsverhalten dem Vater gegenüber, welches Dir einiges an Ärger und Leid ersparen soll.

Nüchterner zu werden hat mir schon ein großes Stück geholfen. Mich danach an gewisse Regeln zu halten ließ es immer besser werden..

„Vor der Freiheit, kommt die Verantwortung."

Die Phase des Machtmissbrauches (Macht-Habens)

Hier merkst Du das Trennung nicht gleich Trennung bedeutet und das Du noch mehr mit ihm verbunden bist als Dir lieb ist und vor allem als Dir gut tut.. Streit und Unverständnis von anderer Seite erschweren Dir grundsätzlich Deinen Alltag und Dein Leben. Jetzt ist es wichtig sich nicht einschüchtern zu lassen und Persönlichkeitsverlust zu erleiden. Bedenke, dass Du alles alleine machst und das Du Dir deshalb ein bisschen mehr raus nehmen darfst, als Du vielleicht gerade fühlst.

Kapitel 3 Von Machtmissbrauch und nicht gesteckten Grenzen..

Es gibt so tolle Väter und Elternteile!
Es gibt verantwortungsvolle Papas, die den Teil der Pflichten genauso ernst nehmen, wie den Teil der Rechte.
Sie sind nicht nur auf dem Papier Papa.

Aber es gibt auch unglaublich verantwortungslose, egoistische „kleine Jungen" von denen in ihrer Machtgesinnung nichts zum Thema „gemeinsam ein Kind erziehen" zu erwarten ist, außer Terror und Verhinderung..

Nach der eigenen Akzeptanz dessen, folgt der wichtigste und größte Schutz für Dich. Nämlich Grenzen stecken und kontinuierlich zu diesen stehen.

Die Realität sieht so aus, dass die meisten alleinerziehenden Mamis in permanenter Einschränkung und Schikane leben, während sie alle Verantwortung am Kind komplett alleine zu tragen haben. Dieser Zustand ist deshalb so schlimm, weil sie freiwillig ihre gesamte Macht an den Vater abgegeben haben, ohne es auch noch bemerkt zu haben (!)

Er hatte ja immer diesen festen Platz im Leben.. Diese kannst Du Dir nur zurück holen, indem Du Zeichen setzt.
Diese Zeichen kommen häufig nicht deutlich genug an, weil sie nur halbherzig und sporadisch gesetzt werden und weil häufig schon im Vorfeld die Achtung vor der Mutter des Kindes futsch gegangen ist. Daraus folgt, das man(n) Dich noch weniger ernst nimmt!

Diesen Machtverlust, oder auch Machtmissbrauch genannt, kannst Du ebenfalls nur wieder rückgängig machen, wenn Du Grenzen setzt und diese eindeutig und auf Langzeit vertrittst.

Es darf Dich nicht schmerzen, wenn Du erkennst dass es dem Vater evtl. mehr um Macht, als um alles andere gelegen ist.
Ganz im Gegenteil. Dies muss die Erkenntnis bringen, das Du keinerlei falsche Rücksichtnahme oder Scham mehr fühlen musst und das Du selbst im Sinne Deines Kindes und in Deinem, ab jetzt die Situation veränderst.

Ja, auch ich habe mich furchtbar geschämt, für all das was mit diesem Mann und mir passiert ist. In der Öffentlichkeit, bei Nachbarn und Verwandten.. Aber mein Kind liebe ich. Und ich rufe mir daher immer wieder in Erinnerung, dass ich es ohne ihn nicht hätte.

So kann ich nicht nur den nötigen Abstand wahren, sondern auch die nötige Akzeptanz für die vorhandene Lage und vor allem für unsere gemeinsame Geschichte aufbringen.

Er ist nur der physische Vater und kein „greifbarer" (also beteiligter) Teil Eurer Familie. Das muss Dir auf dem Weg in Deine „Papa-Freiheit" noch mehr klar werden. Ganz un-dramatisch und un-böse.

Da Du Deine Mutterschaft erfüllst, kannst Du erahnen, was ein richtiger Vater denn wäre.. Genau: Das was Du als Mutter bist, nur im Aufwand auf 2 Personen aufgeteilt- Dieser Vergleich hilft Dir das Bedürfnis nach Freiheit als legitim zu sehen. Denn Du bist verdammt doll am schuften, Tag-täglich!

Ich kann mir vorstellen, dass wenn Du ein einigermaßen guter und gewissenhafter Mensch bist, Du trotzdem viele Versuche der gemeinsamen Elternschaft, des Kindesumganges und des „gemeinsam Erziehen" gestartet hast. Und nicht einfach aus Boshaftigkeit Deine eigene Macht dafür missbraucht hast.

Und nach unendlich vielen „Good-will" Aktionen und letztendlich immer wieder geartetem Missbrauch dieser Versuche, dämmerte Dir vielleicht allmählich, dass dies nicht der richtige Weg ist.. Und Du mittlerweile körperlich, geistig und seelisch dabei drauf gehst. Und das Dein Kind dadurch auch nicht wirkliche Vorteile beim Umgang-gewähren hat. Denn es bekommt alles mit was zwischen euch abläuft..

Ein „never-ending" Prozess, der sich nur immer mehr festigt und verhärtet. Sozusagen zur Dauer-Plage geworden ist und Dein Leben massiv und sukzessive immer mehr einschränkt.

Gemeinsame Weihnachtsfeste, Kaffeesitzungen, etc. arten aus? Dann ist dies schon lange nicht mehr der richtige Umgang mit dem leiblichen Vater.

Damit wird alles nur schlimmer.. und zwar für Dich UND Dein Kind! Du siehst vor lauter Bäumen den Wald nicht mehr und es ist auf einmal normal für Dich das es schlecht um Euch steht. Und genau da hast Du Euer Leben schon lange abgegeben.. An Onkel Papa!

Merke:
Ohne Abstand kein eigenes Leben.
Und ohne angemessene Ebene kein leichter Vater-Umgang.

Kleiner Finger - ganze Hand

Aber wir stellen uns ja so gerne in den Hintergrund. Das ist uns mit Beginn unserer Mutterschaft in Fleisch und Blut übergegangen.
In Bezug auf Dein Kind mag das ja verhältnismäßig auch richtig sein! Aber Vorsicht, in Bezug auf den Vater.
Stellst Du Dich unter ihn, leidet Dein Kind genauso wie wenn Du Umgang verwehren würdest oder weiterhin emotional zu tief dabei wärst!

Die einzige Möglichkeit, sich vor Machtmissbrauch zu schützen und sich seine eigene Macht zurück zu holen, ist es GRENZEN zu setzen. In **eindeutiger**, **selbstbewusster** und **konstanter** Art und Weise.

Das ist wie mit der Kindererziehung oder von mir aus auch wie mit einem Hund: Wenn Du nicht konsequent bist und zwischendurch nachgibst verliert der andere die Achtung vor Dir, tanzt Dir auf der Nase herum und nimmt Dich nicht mehr ernst.

Grenzen sollen Zeit und Energieverlust stoppen und Machtmissbrauch den „Gar-aus“ machen.
Also, Hol Dir Deine eigene Macht zurück!

Mach es ihm nicht zu leicht es Dir schwer zu machen

- Wo willst Du am liebsten wohnen?
- Was ist Dein Städte-/Orts-Favorit?

Wenn Du Dich das nicht heute fragst, kannst Du morgen schon so voller Auflagen sein das Du durch Unfreiheit nirgends mehr hin kannst.
Außerdem liegt es in der Natur der Sache, dass es Dir der Vater schwerer machen wird wenn Du so „leicht zu erreichen“ bist.

Du willst als End-Ziel beim Vater Deines Kindes schließlich erreichen, dass durch Dein neues Verhalten letztendlich nur noch das Interesse am Kind bei ihm übrig bleibt und jegliches Interesse es Dir schwer machen zu wollen schwindet.

Wenn Du dann mal einen Termin völlig legitim absagst, dann steht nicht gleich sofort ein erzürnter „Terror-Papi“ auf der Matte, weil er:

A) Fahrtkosten hat
B) Zeitaufwand, um zu Dir zu gelangen ..um Dich evtl. dann noch nicht mal dort anzutreffen.
Da verliert manch ein festgebissener Unruhestifter das Interesse daran der Mutter seines Kindes das Leben zur Hölle zu machen.

Je schwerer es für ihn wird es Dir schwer zu machen, desto eher verliert er das Verlangen danach und reduziert sich auf das was er noch möchte..

..und das ist im besten Fall ehrliche Anteilnahme an dem Leben Deines Kindes.

Bei denen, wo es nicht um das Kind geht wird der Umgang sporadischer werden. Ist dies nicht so, dann freu Dich für Dein Kind das sich der leibliche Vater interessiert und lass Deinem Kind dann auch diese „Vatertage“. Dein Kind möchte es vielleicht.

Hab Vertrauen das Dein Kind heile wieder kommt. Viele Väter können nicht so aufpassen wie wir Mütter das tun, aber die Kinder schaffen es doch meist irgendwie heile zu bleiben. Wenn doch was schwerwiegendes passiert ist das Schiksal. Verrückt machen hilft Dir selbst aber nicht weiter. Dazu komme ich später noch mit einer Art „Protokoll“.
Freu Dich lieber das Du dann Zeit für Dich hast und spann Dich dann schön aus.

Trau Deinem Kind zu, dass es einordnen kann, wer Du für ihn bist und was der leibliche Vater für ihn ist.
Hab keine Angst vor Prägung oder falscher Erziehungsmaßnahmen während der Umgänge. Dich kann er bald (nach diesem Buch) nicht mehr wirklich erreichen (angreifen). Und mit Deinem Kind hat er nicht den Alltag.
Es wächst in Deinem Haushalt auf und Du bist der prägende Teil im Leben Deines Kindes. Du hast die Arbeit, aber auch die Vorzüge: Nämlich Dein wunderbares Kind in Deinem Leben.

Hast Du alleiniges Sorgerecht? Dann kannst Du tatsächlich noch unbegrenzt Deinen Wohnort aussuchen und festlegen. Denn Du hast das alleinige Aufenthaltsbestimmungsrecht (Darfst also entscheiden wo ihr wohnt.).

Geteiltes Sorgerecht gibt es seit den neuen Väter-Rechten noch schneller als früher. Und wenn es soweit kommen sollte, darfst Du nur im Umkreis von 100Km umziehen- Aber auch dieser Radius sollte ganz genau von Dir angeschaut und in Erwägung gezogen werden und der beste Platz zum Wohlfühlen für Dich raus-gepickt werden.

Dein Aktionsschritt hierfür:
Mach Dir ernsthaft Gedanken wo Du am liebsten Leben willst.
Such Dir ein paar Favoriten auf der Landkarte aus.
Wenn Du Dir heute keine Gedanken darüber machst wo Du am Ende Deines Lebens am liebsten gelebt hättest und stattdessen alles dem Zufall und dem Lauf der Dinge überlässt, bereust Du das vielleicht. Und nicht erst am Ende Deines Lebens sondern vielleicht schon vorher wenn die Auflagen für Dich immer enger geschnürt werden, weil Väter-Rechte so stark angehoben werden.

Bringe für Dich dies in Erfahrung:

- Welche Städte/Orte sind in diesem Umkreis?
- Wo würdest Du Dich am meisten wohl fühlen?

Gib bei Google eine Landeskartensuche ein, schau drauf und guck was Du fühlst. Wo zieht es Dich hin? Der Job kommt später. Dein Wohnort sollte die Grundlage sein.

Hast Du alleiniges Sorgerecht? Wunderbar, Du kannst frei wählen.. Hast Du geteiltes Sorgerecht, dann im Umkreis des Vaters von nicht mehr als 100 Km.

Ich habe mir damals durch Städtereisen einen Einblick verschafft. Das kannst Du auch machen. Wer weiß was er will und diese Dinge rechtzeitig umsetzt hat später weniger Nachteile.

Fahr dort hin. Schau es Dir an. Trink dort einen Kaffee. Nimm eine Freundin/Schwester/oder Bruder mit-

Plane:

Willst Du weiterhin Angestellte sein? Bewirb Dich. Wenn Dich abgelehnte Bewerbungen daran hindern sollten Deine Lebenspläne umzusetzen und dort leben zu können wo Du leben willst, dann ziehe in Erwägung was eigenes aufzubauen. Du möchtest am Ende Deines Lebens glücklich gelebt haben.

Frage Dich auch, ob Du als Alleinerziehende Mami mit Deinem Angestelltengehalt anständig und nach Deinen Bedürfnissen leben kannst. Das können die meisten heutzutage nicht mehr.. Ein eigenes Geschäft bedeutet auch Ortsunabhängigkeit. Also ein frei Wählbarer Ort zum Leben, der eben NICHT an den Beruf gekoppelt ist und davon nicht abhängig ist. (Ich habe dazu einen Onlinekurs erstellt- extra für meine alleinerziehenden Mamis zum Nachmachen.).

Hast Du schon wieder einen neuen, festen Mann in Deinem Leben? Dann sprecht über eure Zukunft und ob ihr in die selben Richtungen schaut.

Wenn Du denkst, dass Du nicht von Deiner Familie weg kannst (Eltern, Geschwister..) - Doch das kannst Du!
Es ist schön das Leben zu leben, welches man für sich wünscht und erträumt, und bei der Familie ein gern gesehener Besucher zu sein. Viele verpassen nach den ersten anstrengenden Babyjahren den Absprung- Du kannst das! kräfte-mäßig, finanziell.. Du kannst es. Du musst nur den Mut haben.

Den Mutigen gehört die Welt!
Und niemandem sonst..

Schau Dir hier einen passenden und hilfreichen PodCast von mir dazu an:
www.Alleinerziehend-KlasseMami.de/der-absolute-friedensstifter

Achtung!
Gehe nirgendwo hin, wo Du nicht wirklich hin willst, nur um weit weg von Papa zu sein. Der Schuss wird für Dich nach Hinten los gehen. Gehe FÜR DICH - Nicht gegen den Vater denken. FÜR DEIN LEBEN DENKEN.
Außerdem würde Dir das Dein Kind evtl. später übel nehmen.
FÜR DICH (UND DEIN KIND) DENKEN - Was DU willst und dies tun. Das setzt alles Gute, hin zu Dir, in Bewegung. Und es wird so ins Rollen kommen, das alles für Dich/Euch gut wird.

Viele setzen sich nicht damit auseinander was sie vom Leben erwarten und was sie später im Alter alles gelebt und getan haben wollen.

Setz Du Dich damit JETZT auseinander und Du hast weniger Stress mit dem Vater und schaust am Ende Deines Lebens auf ein gelebtes Leben zurück, so wie Du es wirklich gewollt hast. In euer aller Sinne..

Wenn sich dadurch alles wieder ein bisschen respektvoller eingependelt hat und er Dir evtl. sogar wieder auf einer achtungsvolleren Ebene begegnen kann, weil Du so straight die Ebene verbesserst, kannst Du ja wieder kooperativer werden. Vor allem wenn Dein Kind gerne Umgang hat.

Ich bin 280Km weggezogen und ich habe damit gezaudert, ob es meinem Kind zumutbar ist eine so große örtliche Distanz zwischen beide zu bringen. Rein rechtlich konnte ich- alleiniges Sorgerecht = alleiniges Aufenthaltsbestimmungsrecht.
Aber ich kann mich selbst in meinem Leben doch nicht einschränken, damit der Papa nicht so leiden muss (vor allem wenn er mir alles andere als Schwierigkeiten und Leid erspart hat..). Hauptsache es kann Umgang stattfinden! Wie auch immer dieser abläuft..

Ich hatte einige Anwälte damals. Und keiner hat mir von der wundervollen Möglichkeit wegziehen zu können/dürfen und so alles besser werden zu lassen, erzählt.

Ich hatte 4 Jahre lang praktisch nur mit Gerichten und Anwälten zu tun.

Ich war erschöpft was das anbelangte und man sah mir die Problematiken mittlerweile auch an (gesund und schlank, aber Stress und Aufruhr im Gesicht). Ich schätze weil sie sonst nichts mehr an mir verdient hätten und aus dem Grund weil Anwälte den Gerichten nunmal zuarbeiten müssen und die Gerichte ja die Väterrechte so sehr vorwärts bringen wollen.

Deswegen gebe ich beim Thema Familienrecht auch nicht mehr so viel auf Anwälte- Sie verdienen ihr Geld mit Dir. Und das ist ja auch in Ordnung, aber mitlerweile zum Nachteil von Psyche und Körper der Mutter.

Einfach ein bisschen mehr **Risikobereitschaft** von Deiner Seite aus und die **richtigen Hintergrundabsichten** und Du bist grob eigentlich immer auf sicherer Seite.

Ich teil das hier so gern mit Dir, denn dies war mein Weg und er brachte mich von „Schlecht“ zu „Recht“. Im zweideutigen Sinne :)

Und ab dort (dem Ortswechsel) hatte ich schon vorarbeit geleistet und sein Benehmen mir gegenüber war nicht mehr gänzlich „Hauptsache der Mutter eins auswischen“.

Die Geschäftsebene und das ich mich auf keinerlei klassischen Kampf etc (Diskusionen, schikane..) einließ, hatte diese Ebene gebracht.

Ich machte natürlich weiterhin vorrangig meine Termine und meine Lebensinhalte und sagte ggf. Umgänge ab wenn ich selber etwas anderes für uns planen wollte. Aber ich lockerte gleichzeitig die Flexibilität bei anderen Termin-umgängen auf (wie z.B. eigene Termine auch so legen, dass wenn ich eh in der Nähe war wo er wohnte auch den Umgang so legte das wir dort die Übergabe machen könnten und mein Kind (und auch er) weniger Fahrerei hatten.

Wenn ich eh dort bin finde ich es auch meinem Kind gegenüber nur fair Möglichkeiten zu geben..

Probiere ein bisschen aus- es ist individuell, aber das Prinzip bleibt das gleiche:

Deine Sachen nicht hinten an stellen (Absagen machen), aber schauen an welcher Stelle Du Entgegenkommen kannst, wenn es für Dich passt (vor allem wenn es im Sinne Deines Kindes liegt).

Kapitel 4 Du bist geradlinig und bleibst Deiner Spur treu..

Die wackeligen Alleinerziehenden.. die Hilflosen.. Übersetzt: Die Ausnehmbaren.
Der Alltag und die Anforderungen der Erziehung sind so umfangreich, dass man schnell mal vergisst das man fühlt, das man denkt, das man atmet und schlicht- das man beseelt ist.
Ein beseeltes Wesen mit menschlichen Rechten.

Und tatsächlich wollen wir es dann anderen schön recht machen, bzw. denken wir müssten dies.. Ämtern, dem Papa, der „öffentlichen Fürsorge", Anwälte, etc..

Der einzige aber, dem wir wirklich verpflichtet sind, ist uns selbst gegenüber.
In einer gesunden Art und Weise, ohne anderen dabei Schaden zuzufügen.
Das dies jeder so empfindet (auch der Vater), können wir nicht verlangen. Deshalb ist es Deine Pflicht selbst darauf zu achten, das Du Dir gegenüber dies einhältst und das andere Dich nicht mit ihren Regeln und Vorstellungen missbrauchen.

Wenn Du etwas ankündigst, z.B. feste Umgangszeiten und Tage, oder das du nach 10 Minuten warten gehst, das dann einmal machst und bei den nächsten Malen schon nicht mehr, wird das ziemlich unglaubwürdig und Dein Gegenüber merkt, dass es Dich leicht lenken kann.
Stehst Du aber zu den Dingen, die Du sagst kommt eine gewisse Berechenbarkeit rein.

Du kannst den Vater nicht erziehen, aber Du kannst Deine Standpunkte klar vertreten und Dich bei ihm als etwas positionieren, was ernst genommen wird. Du kannst nicht mehr so leicht herum geschubst werden, weil man(n) merkt, „Sie fährt ihr Ding.."

Grenzen setzen ist also schon mal ziemlich vorteilhaft und gut. Und weist Du was noch besser ist..? Dabei geradlinig auf Deiner eigenen Spur zu bleiben!

Häufig formulierst Du: „Was kann ich tun damit es meinem Kind gut geht?"

Formuliere in Zukunft um: „Was kann ich tun damit es meinem Kind UND MIR gut geht?"

→ Somit handelst Du ab jetzt für Dich und Dein Kind und nicht gegen den Vater. Du bist so auch nicht mehr angreifbar! Lebe ab jetzt danach!

Im Vordergrund steht also nicht das starre verwehren irgendwelcher Dinge dem Vater gegenüber, sondern das strickte und aufrichtige Verfolgen Deiner eigenen Lebens-Spur..

Und die kannst Du nur verfolgen, wenn Du Dich selber an gewisse Regeln hältst:

Regel Nr.1: Du diskutierst NICHT – niemals!

Denn wenn Du das tust.. wirst Du verlieren.

Der physische Vater meines Kindes ist ein wahrer Meister im Diskutieren. Er biss sich dann fest wie ein Hund an einem Hosenbein und es interessierte nicht, ob die Tür schon längst zu war, oder eine dritte Partei schon längst den Raum verlassen hatte.

Mit Einlass in eine Diskussion bist Du manipulierbar und umstimmbar. Und das sollst Du gerade NICHT sein!

In permanenten Diskussionen kann man Dir stetig Glaubenssätze eintrichtern, die Du gar nicht möchtest und die Dich stark einschränken werden. Und Du wirst es noch nicht einmal merken!

Ich habe mich damals immer auf diese Diskussionen eingelassen und habe irgendwann wirklich geglaubt, dass kein Mann eine Frau mit Kind haben möchte. Weil mir das regelmäßig in diesen Diskussionen eingetrichtert wurde.
Nein warte, weil ich mir das hab eintrichtern lassen :)
(Heute habe ich einen wirklich tollen Mann!)

Und sich solche Glaubenssätze wieder abzutrainieren kann schmerzhaft und langwierig sein. (Ich weiß wovon ich spreche..)

Im Grunde reicht es sich selbst diese beiden Fragen zu stellen:

- Ist Dir der Vater wohlgesonnen?
- Möchte er das es nicht nur ihm, sondern auch Dir und dem gemeinsamen Kind gut geht?

Dann kann man sich in den Kontakt reinhängen und ihn vertiefen.

Möchte er nur seine Interesse durchboxen und sehen, dass Du möglichst viel Schaden von der ganzen Sache nimmst, dann darfst Du mit so jemandem keine ernsthaften Gespräche führen wollen. Denn er will keine Lösung. Nur an Deine Energie, um Dich leer und ausgesaugt zurück zu lassen.

Wieso diskutierst Du mit jemandem, der gar nichts wirklich zu sagen hat- Der sich einmischt in Dein Leben (ohne auch nur irgendetwas dazu beizutragen außer Unruhe), Mitspracherecht haben will und Dir auch noch eintrichtern will (mit fleißiger Hilfe von Gerichten etc.), dass das alles Rechtens ist.

Diskussionen mit den falschen Menschen erschöpfen Dich. Das verhinderst Du, indem Du es Dir zur festen Regel machst, <u>nicht zu diskutieren</u> - niemals!

<u>Und hier schon Dein nächster Aktionsschritt:</u>
Stell Dir bei persönlichen Treffen, bei eventuell nötigem Sms-Verkehr, Email etc. immer vor er wäre ein Geschäftsmann der Dir ständig unerwünschte geschäftliche Angebote macht. Das er ja kein guter ist wissen wir- und das Du auf dieser Ebene mit ihm kommunizieren musst.
Seine Angriffe musst Du als „Angebote" sehen, die Du nur ablehnen musst, still für Dich oder bei einem knappen Kontakt mit dem Vater kommuniziert.

Das Resultat ist Leichtigkeit, kurze und knappe Konversation, aber fair und freundlich.. Und manchmal eben auch gar keine auf ihn eingehende Kommunikation. Ach wie ist es endlich leicht geworden alles..

Regel NR. 2: Mach so wenig wie möglich schriftlich..

Mach selber so wenig wie möglich schriftlich (keine Emails, Sms etc.) und wenn dann auf Geschäftsebene. Weil der andere dann Dinge „in der Hand hat". Aber heb natürlich auf was er an Dich richtet. Warum?
Weil man so wieder festnageln und interpretieren kann, was die Mutter wieder getan oder nicht getan hat..

Es wird dann vor Gerichten einfach nicht mehr so viel falsch ausgelegt oder zurecht gedreht, weil Aussage gegen Aussage steht. Und es ist eher unwahrscheinlich das er bei den Übergaben jedesmal einen „Zeugen" mit nimmt. Diese ganze Umgangssache muss einfach mal komplett entschärft werden. Hiermit trägst Du dazu bei.

Du hast ein Recht auf leben und hast keine bösen Absichten. Also werd einfach ein bisschen pfiffiger in Deinem Handeln.

Änderungen im Umgang erwähn ich kurz bei den Übergaben oder rufe sogar kurz freundlich durch. Wenn das von der Gegenpartei als unverantwortlich angekreidet werden sollte: Echte Elternkommunikation sollte ganz natürlich von Mund zu Mund funktionieren.

Zu schriftlich kann man Dich nicht zwingen. Und das zeigt doch nur klar auf, dass es nicht möglich ist normale elterliche Kommunikation zu betreiben. Ein großer Grund das geteiltes Sorgerecht eigentlich nicht möglich ist. Aber es wird mit den neuen Rechten früher oder später trotzdem erteilt. Und selbst das kann Dir mehr oder weniger egal werden.

Wenn für einen Außenstehenden (durch Dein 2-Minuten-Protkoll - kommt später im Praxisteil..) klar ist dass bei der Mutter keine bösen Absichten dahinter stecken, dann hast Du alles auf Deiner Seite.. nur keine Nachteile.

<u>Ich gebe Dir dazu einen klaren Einblick in meine Handlungsweise:</u>

Laut Gerichtsbeschluss musste ich leider JEDEN Samstag mein Kind rausgeben (trotz alleinigem Sorgerecht). Ein Wochenende nur für uns zwei (mich und mein Kind), oder mein Kind bei meinen Wochenendaktionen mit dabei haben war also schier unmöglich. Dies war NICHT zum Wohle des Kindes. Das sah auch jeder Anwalt so.

Ich habe dann angefangen genau so zu Verfahren-

Wenn es Aktionen gab, wo mein Kind einfach nicht fehlen sollte, dann habe ich abgesagt und es ganz natürlich gemacht.

Ich schrieb die Gründe in mein sogenanntes 2-Minuten-Protokoll und achtete nicht weiter auf wütende Emails vom Vater.
Dieser beruhigte sich immer irgendwann wieder und er konnte ja auch keine wirklichen Gründe finden, um wieder vor Gericht zu ziehen, da ich mich sonst immer daran hielt.
Auch aus dem Grund, weil die Väter sich meist selbst noch weniger an Vereinbarungen halten undDu dies selbstverständlich auch in Deinen kurzen Protokollen festhältst.

Hab also niemals angst und fang an Dich zu entspanenn..

Aber wohl die größte Errungenschaften sind für mich die Kindesübergaben, da der gefundene Weg dafür so reibungslos für mein Kind und mich ist.

Schreib die Gründe immer ganz genau aber kurz auf. Auch etwa wenn der Grund ist das die Woche so anstrengend für Dein Kind war und es geäußert hat bei Mama bleiben zu wollen. Oder das die Tante oder der Onkel schon seit Monaten von Deinem Kind nicht mehr getroffen werden konnten.
Das sind gute Gründe und rein menschlich sind sie immer legitim.

Wenn Deine Taten davon getrieben sind dem Vater etwas zuvermasseln, wegzunehmen, vorzuenthalten, dann wird dies schief gehen und der einzige der Nachteile haben wird wirst Du sein.

Wenn Du aber guckst was Du und Dein Kind braucht, was ihr für euch wollt und was euren alltag und eure Freizeit Sinn ergibt und alle Umgänge und Handlungen daran angepasst sind, dann kann es zwar sein das ein Richter, der Vater oder wer auch immer trotzdem anderer Meinung ist, aber es dennoch legitimwird, bzw. ohne Nachteile für Dich, weil Du **positive**, gute Gründe für EUCH (Dich und Dein Kind) vorzuweisen hast.

Gewähre ganz normal Umgang, mach den Vater niemals schlecht vor Deinem Kind (das kann es nicht verstehen und das verwirrt es), aber lebeganz normal und nahezu ohne Einschränkungen weiter.
Wenn mein Kind zu seinem leiblichen Vater will, dann mache ich das möglich. Wenn mein Kind und ich aber auch noch andere Bedürfnisse haben, dann mache ich diese ebenso für uns möglich.

Das ist für mich mittlerweile der Schlüssel mit dem nicht nur mein Kind alles hat, sondern ich auch.

Regel NR. 3: Verbindlich im Ton..aber hart in der Sache

Du kannst sofort damit anfangen Machtmissbrauch zu entmachten.

Dabei solltest Du wie schon erwähnt Wut, oder Anstrengung vermeiden. Dieses richtet sich nur gegen Dich selbst.
Grenzen kann man auch nur gut stecken, wenn man den Vorgang des Grenzen -setzens als „Sache" betrachtet. Also losgelöst von der Person.

Der Vater bleibt natürlich ein Mensch. Aber der Umgang darf nicht mehr emotional abgewickelt werden.
Vor Gericht wirst Du schließlich auch nur als „Sache" behandelt und als sogenannte „Angelegenheit".

Du fühlst Dich gut damit und kannst während notgedrungenem Kontakt mit dem Vater, trotzdem mit Deinem Kind lachen und Dich freuen.

Wenn Du erstarrst, sobald der Vater in der Nähe ist, handelst Du mit ihm auf emotionaler Ebene. Der beste Vergleich bleibt die Geschäftsebene.
Ich mache das mittlerweile so und es ist ziemlich gut. Für mich und für das Vermeiden von eigenem Machtverlust.

- Stell Dir für diese optimale Verbindlichkeit vor, er wäre dieser bestimmte Geschäftspartner. Zu einem Geschäftspartner ist man höflich, freundlich, aber sachlich, kurz und bündig und mit einem gewissen Abstand. Dieser Vergleich ist und bleibt passend.

In einer Geschäftsbeziehung ist man meist klar und weitestgehend emotionslos, bei gleichzeitiger aufrichtiger Freundlichkeit. Das sind mir fast schon die liebsten Beziehungen geworden, aus denen ich so nüchtern und gut Entscheidungen treffen konnte und mit denen ich sogar tiefere Beziehungen **mit den richtigen Menschen** aufbauen konnte. Aber halt in dieser Reihenfolge „nüchtern - emotional" und nicht erst emotional und dann nüchtern.
Noch einmal:

Nimm den Hass raus! Nimm JEDE Emotion raus! Sei geschäftlich, nüchtern. Sei Beobachter und klug. Sei HERRSCHER der Situation und nicht OPFER!

In einer „Geschäftsbeziehung", kann man die wichtigen Dinge immer leicht verknüpfen. Nämlich das freundliche, aber bestimmte Auftreten. Die Fairness und der Blick für Do's und Dont's.
Erinner Dich bei Begegnungen einfach daran, und Du wirst sehen, es fällt Dir plötzlich ganz schön leicht eine für euch geeignete Übergabe (Für Dich und Dein Kind) hinzubekommen..
Verbindlich im Ton, aber unnachgiebig in der Sache zu sein kann man lernen.

Bei geteiltem Sorgerecht kommst Du auch um die zerrüttete Kommunikation nicht drum-herum und bist gezwungen ein ganz bisschen mehr zu besprechen. Dann die Kommunikation aber auf einer Ebene, die für Dich funktioniert.

Aber Achtung- auch hier kann man(n) Dich leicht aushebeln. Behalte folgendes im Blick und halte es minimal-

Die 3 größten Zeit- und Energie-Räuber, die Du Dauerhaft und immer eingegrenzt halten solltest:

- **Energiediebstahl Nr. 1**: Handyverfügbarkeit - über all, jeder Zeit..
- **Energiediebstahl Nr. 2**: „Besprechungen" (Diskussionen) über Terminabsagen
- **Energiediebstahl Nr. 3**: Abholung und Rückgabe

Energiediebstahl Nr. 1: Handyverfügbarkeit - über all, jeder Zeit..

Während des Kindesumganges musst Du selbstverständlich erreichbar sein. Aber sonst hat er nichts auf Deinem Apparat verloren.

Energiediebstahl Nr. 2: „Besprechungen" (Diskussionen) über Terminabsagen

Es hat Dich all die Jahre all Deine Kraft gekostet.
Diskussionen entstehen nicht wenn Du es auch hier minimal, kurz und bündig hältst.
Findet Umgang statt? Ja oder Nein.
Es interessiert nur ob der vereinbarte Termin von ihm wahrgenommen werden kann oder nicht. Du darfst daraus lernen und musst nicht mehr unnütz entgegenkommen.

Wurde der Termin von Dir abgesagt und besteht er nun auf einen Nachholtermin, so kannst Du die b**ch spielen, wenn Dir egal ist was irgendwer von Dir hält und belässt es nur bei der Absage - Oder Du möchtest es Dir doch ein bisschen leichter machen und bietest irgendeinen scheißigen Nachholnachmittag in der nächsten Woche an, der Dich nicht weiter kratzen würde. Dann ist Dein Status etwas leichter vor sich einmischenden Institutionen.

Vor Gericht wirst Du entweder in die Kategorie „abwehrende Mutter" eingeordnet, oder in die Kategorie „nette Mutter, der man alles zumuten kann". Du solltest möglichst in keine dieser Kategorien gelangen. Die fahren dort ganz stur ihre Spur.

Biete deswegen einen Ausweichtermin an (irgendein Nachmittag der Dir spontan passt) und mehr nicht.

Du hast dann Einsatz gezeigt, indem Du Ersatz angeboten hast und giltst nicht als eine die den Umgang verwehrt (per Sms oder Mail damit Du es dokumentiert hast).

Natürlich bricht eine Diskussion los, weil ein schikanierender Vater IMMER einen anderen Termin will als der, den Du vorgeschlagen hast. Hier geht es aber nur um Dein dokumentiertes Signal „Ich verwehre nicht!".
Frage deswegen im Falle einer Diskussion nur noch mal: „Nimmst Du den Termin? Ja/Nein." Mehr darfst Du Dich nicht mehr an dem Hin-und Her beteiligen.
Eigentlich musst Du auch gar keinen Ersatz bieten.. Zeitverschwendung. Aber wenn Dir Dein Gesicht vor diesen Einrichtungen zu diesem Zeitpunkt noch wichtig ist, dann mach es ruhig so.

Du musst da ganz pragmatisch werden. Du hast ein Recht auf ein Privatleben, so wie jeder andere auch. Und dieses private Leben planst Du schließlich auch schon im Vorfeld und musst keinen Platz für kurzfristige Nachhol-termine einkalkulieren.
Du bist vielbeschäftigt und bietest trotzdem so bemüht was zum Ausweichen an -und es ist dokumentiert. Das genügt voll und ganz.

Energiediebstahl Nr. 3: Abholung und Rückgabe

Kann und sollte völlig reibungslos ablaufen.
Kurz und knapp, freudig und leicht. All diese Kriterien gehen wunderbar zu erfüllen wenn die Aufmerksamkeit nicht bei ihm, sondern bei Deinem Kind ist. Wenn Du Deinem Kind einfach zeigst das es schön ist, dass es wieder da ist und ihm sagst was ihr jetzt als nächstes zusammen macht.

Das ermöglicht eine fließende Verabschiedung.
Mein Kind ist guter Laune, spürt keinerlei Spannung und der Vater bekommt keinen Raum um Diskussionen anzuzetteln.

Beispiel:

- Strahlen wenn Du Dein Kind zurückbekommst (dürfte schon mal nicht schwer fallen)
- „Wie war's? - Hast Du Spaß gehabt? Das freut mich aber!“
- „Komm wir beide gehen jetzt ..das und das.. machen (Essen, spielen, etc..).
- „Hast Du schon Tschüss gesagt?“ - Ihr sagt gemeinsam Tschüss, ohne das Du in schweren Fällen direkt mit dem Vater Kommunikation aufnehmen musst, denn Du sagst mit Deinem Kind gemeinsam Tschüss.

Und wenn Du dabei Dein Kind ansiehst, ihm solche oder ähnlich angenehme Fragen stellst und ihm zuhörst was es zu erzählen hat, dann ist die Tür bald zu und alle Kriterien für eine nahezu reibungslose Übergabe (Für Dich und für Dein Kind) sind erfüllt.

Ich zeige Anteilnahme bei meinem Kind (Was den Kontakt zu seinem Vater anbelangt) und frage es, was sie Schönes gemacht haben und ob sie Spaß hatten- damit mein Kind nicht das Gefühl bekommt es dürfe dort keinen Spaß haben. Ansonsten initiiere ich dieses Thema nicht von selbst.

Ich bin sehr froh eine Übergabe geschaffen zu haben, mit der ich weder angreifbar bin, noch welche unangenehm oder gar schwierig für mein Kind wäre.

Und Du wirst sehen das der Vater es vielleicht sogar wieder auf die Respektebene schaffen wird und ihr euch bei eurer Übergabe sogar anlachen und ein kurzes Small-talk einbinden könnt- aber bilde Dir nichts drauf ein :) Bleib weiter auf Deiner Spur.
Für mich war es der richtige Weg.

Ich habe seitdem keinen Fuß mehr vom Vater in der Tür. Diese Verabschiedung gibt ihm gar keine Gelegenheit für so etwas.

Dein Aktionsschritt:
Hör auf zu diskutieren und Dich zu rechtfertigen. Weder persönlich noch per Sms. Wenn Du noch in Deinen Emotionen drin steckst, ist das reichlich schwierig. Deswegen lerne sie zu beherrschen und in die „Geschäftsbeziehung" zu kommen. Spring nicht gleich auf, wenn es auf Deinem Handy „Pling" macht. Verabschiede Dich, wenn es mit der Diskussion los geht und dann geh auch! Ich lasse mir nicht mehr von Füßen in der sich schließenden Türspalte imponieren, sondern beende Gespräche zügig und gehe.

Wer macht in Deiner Erziehung (und in allem was daran hängt..) die Regeln? Verstehst Du es ..?
Du erziehst alleine! Also machst DU die Vorgaben und schaffst den anschließend passenden Rahmen!

Und deswegen Regel Nr. 4-

Regel Nr. 4: Andere machen die Regeln, aber DU machst die Entscheidungen!

Ja, Du. Das hatten wir schon. Das Kind lebt bei Dir, Du ziehst es alleine (für den Vater mit) auf, kaufst Essen und Kleidung für Dein Kind, organisierst sein Leben und seine Entwicklung und der Papa zahlt nur ein paar lächerliche €?

Unbegründet einem Vater das Kind „Wegzunehmen“ oder den Umgang zu „verwehren“, wie es Juristen einer Mama so schön vorwerfen, geht nicht. Aber ein großer Grund für selbstbestimmtes Entscheiden ist, wenn Dir das Leben - aus dummen Ego-Gründen (und damit sich Papa überlegen fühlen kann) - zur Hölle gemacht wird, Dein Kind womöglich instruiert wird und gegen die Mutter aufgehetzt wird. Verstanden?

Es gibt 2 mögliche „Schuldtaten“:

- Unbegründetes Wegnehmen
- und unbegründete Schikane.

Nicht nur eines, wie das Gericht und seine Vertreter uns Müttern glauben machen will..

Andere treffen die Entscheidungen..?
Du fühlst Dich eingesperrt..?

Aber das stimmt nicht.
Sie legen nur die Regeln fest!
Entscheide Du, wie Du sie lebst!

Beispiele fürs selbstbestimmte Treffen von Entscheidungen:

- Du kannst diesem Menschen vergeben und darfst aber trotzdem „Nein“ sagen (egal bei was, solang Du ein Nein fühlst)
- Du wartest keine 20min. Auf den Vater (übrigens auch nicht bei anderen Männern :)

– Du setzt Deine Sachen um (z.B. etwas unternehmen), wenn Du etwas machen willst. Egal ob es einschränkende Auflagen gibt oder nicht.

Halte Dich grob an die Regeln und keiner wird Dir Dein Kind wegnehmen. Mit „grob“ meine ich: Wenn Du keine Nachteile/Einbußen hast, erfüllst Du alle Anforderungen wie abgesprochen, bzw. entschieden. Wenn Du wegen Regeln stark zurückstecken musst, änderst Du sie für Dich, sobald es nötig wird, hin und wieder ab.

Hält sich der Vater an seine Pflichten? (Du ließt dieses Buch - Nein, das tut er natürlich nicht!)
Warum verrenkst DU Dich also noch? ..Aus Angst!

Er macht was er will und ihm werden die Rechte nicht gekürzt. Du machst ab jetzt auch selbstbestimmt „Was Du brauchst“ und Dir werden Deine Rechte auch nicht gekürzt!

Merke:
Die Entscheidungen Deines Lebens triffst immer Du. Selbst wenn Du Strafen büßen müsstest.. Dadurch werden Deine selbstbestimmten Handlungen und das Leben welches Du dadurch nach Deinen Vorstellungen genießen konntest nicht rückgängig gemacht. Hast Du auch noch plausible Erklärungen für Deine Handlungen, dann ist es noch einfacher für Dich.

„Niemals darfst Du's vergessen, denn im Herzen bist Du frei!“
- aus Walt Disneys Lied „Alladin“ -

So viele Wahrheiten die der Vater schon längst kennt, nur wir emotionalen und gesetzeskonformen Mütter kannten sie noch nicht.. Du stehst auf dem selben Spielfeld wie er. Spiel endlich richtig mit.

Du stehst laut Gesetz nicht über ihm.
Er aber auch nicht über Dir..

Du leidest unter dem Kampf. Machtmissbrauch von Seiten des leiblichen Vaters und Machtmissbrauch von Seiten staatlicher Angestellter. Du kennst nun einiges an Möglichkeiten und musst es nur noch richtig anwenden.

Du weist nun, keiner kann wirklich über Dich richten und Dir Fußfesseln auferlegen (solang Du niemanden umbringst :). Es ist ein Kampf dem Du Dich entziehen kannst, indem Du Dich an die Spielregeln hältst. Nicht nur das zu erkennen, sondern auch danach zu handeln, fordert jetzt Deinen Mut und Deine Entschlossenheit, Deine menschlichen Rechte als Frau und Mutter umzusetzen.

Kapitel 5 Deine Kommunikation mit Gerichten, Ämtern und anderen „Gesandten"

Wahrheit und Lüge.. Wen interessieren sie schon..?

Niemanden. Also verschwende keine Energie zur Wahrheitsklärung. Die wird sowieso an Lügen zerschellen. Dein Kind wird (als Erwachsener) später fühlen können, was Wahrheit ist und was manipulierter Irrsinn war. Davor angst zu haben, überlassen wir lieber dem Vater und nähren es nicht weiter mit unserer Energie.

Ich habe die ersten Jahre mit meinem Kind dem Vater immer wieder Chancen und Wege ermöglicht - auch weil ich natürlich durch unser Rechtssystem dazu angehalten wurde (oder dachte dazu angehalten zu sein) und habe selber lange gebraucht, um mich nicht mehr von Institutionen beirren zu lassen.

In diesen Jahren hatte ich keine Zeit für mich, für Freunde oder für andere Männer. Nur für mein Kind, für unsere Absicherung zu sorgen und die Verteidigungen beim Vater.
Als ich mich langsam aus dem Kontakt zog, ertrug er es nicht, dass ich mich schlussendlich von ihm abwandte und kein Interesse mehr an ungenügender Elternschaft hatte.

Die Umgangstermine hielt ich weiterhin verlässlich und konsequent ein. Dieses ordentliche Verhalten spornte ihn aber nur noch mehr an, und so waren die nächsten Gerichtstermine von ihm schon angefordert.
Ich hatte also keine Ruhe wie ich dachte, sondern mehr Komplikationen als vorher..

Was das liebe, nette, gesetzeskonforme Verhalten bewirkte?
..Der Spieß wurde umgedreht, so wie all die Jahre zuvor schon geschehen, nur noch intensiver. Der Vater versteifte sich darauf das ich in Wahrheit kein Abstand sondern Nähe wolle und ihm deswegen das „Kind entziehen“ wolle, obwohl Umgang stattfand.

Es war ein Kampf. Monate und Jahrelange erschuf er selbst geführte SmS-Verläufe, auf die ich gar nicht Antwortete. Ein Monolog, den er für seine Unterlagen schrieb.
Zu Beginn meiner Mutterschaft bekam er von mir mehrmals wöchentlich Umgangstermine mit dem Kind, sowie Ersatztermine, wenn er was anderes vor hatte, bei gleichzeitigem raus ziehen aus gemeinsamen Aktivitäten - Besser hätte es doch für ihn nicht sein können- Jeder Blinde sah, dass all sein Kampf aus Bitterkeit entstanden. Ein Terror dem ich ausgesetzt war, und welches in Stalking ausartete. Obwohl ich mich „richtig“ verhielt.

„Richtiges" Verhalten, wie es die öffentliche Fürsorge leider völlig sinnfrei erwartet erzeugt eine langsame, aber stetige Verschleierung und Verschiebung der Wahrheit. Und zwar solange bis der Vater und sein Umfeld es selber glauben!
Und das geht vielen „lieben" Müttern so. Du warst einfach „zu treu"!

Solche Menschen leben alle frei nach dem Motto: Aus dem Kaufhaus rannte der Dieb und schrie am lautesten „Haltet den Dieb!" Dmit kommen ja auch viele Väter durch, nämlich dann wenn die Mütter darauf anspringen undanfangen sich zu rechtfertigen.
Es werden dann Beweise am Gericht „ausgelegt", was soviel bedeutet wie, man interpretiert rein, was man will:

- Wer auf Sms nicht antwortet, gilt nicht als uninteressiert am Gegenüber, sonder als „enttäuscht".
- Wer keine Zeit mit dem Vater verbringt, gilt nicht als jemand der längst seinen eigenen Weg geht, sondern als „enttäuscht".

Auch Gerichte dürfen keine Beweise daher-interpretieren, sondern müssen Fakten und echte Beweise nutzen und wenn sie nicht da sind, dann dürfen keine erschaffen werden!
Dies ist für Richter, mit ihren annehmbaren Gehältern, aber ganz gemütlich. Und schließlich soll eine einseitige Sms-Unterhaltung, an der sich ein anderer gar nicht beteiligt hat, auch als Beweis zählen, wenn doch als „Beweis" drin steht: „Ich übernehme Verantwortung, gezeichnet - Der Vater".

So eine Sammlung ist imposant und hat in unserem System, wo Richter und Politiker häufig die größten Straftäter überhaupt sind tatsächlich Gültigkeit, wenn Du dies zulässt. Gültigkeit.. wenn Du Dich darauf einlässt.

Am Ende stopft man alle alleinerziehenden Müttern in ein und die selbe Schublade, egal ob der Vater noch 2 Jahre zuvor schriftlich bei Gericht vorlegte, das er bis zur Geburt des Kindes die Abtreibung wollte.

Weil es so einfach leichter ist, die Fälle für Angestellte unseres Rechtssystems zu verarbeiten. Nämlich die Schublade: „Eifersüchtig, alleingelassen und verbittert". Da werden alle selbstbewussten „lästigen" Mütter rein geworfen.

In Wahrheit geschieht dies, weil die Väter im Laufe der Zeit nicht mehr damit klar kommen, dass wir es tatsächlich ohne sie schaffen unsere Kinder alleine durchzubringen, und es den Kindern und uns dabei auch noch gut geht..

Als ich mich von all den Stempeln der „öffentlichen Fürsorge" und denen des Vaters nicht mehr beeindrucken ließ, begann ein freier Weg.

Ich kann nicht gerade sagen, dass der Vater meines Kindes besonders pfiffig ist, aber durchhaltend ist er, und das kann auf Dauer ganz schön zermürbend sein.. Mir blieb nichts anderes übrig als gänzlich andere Wege zu suchen.

Den Mut haben sie umzusetzen und das Spiel bewusst aber selbstbestimmt mitzuspielen sind der Schlüssel. (Siehe: -Aussage gegen Aussage- weiter unten in diesem Leitfaden)

Fazit:
Steig aus, bevor Du auch noch selber glaubst, was dort beschlossen und erzählt wird!

99% der Expartner von Alleinerziehenden helfen nicht.
Sie zahlen nicht. Sie terrorisieren nur. Spätestens wenn Du nicht mehr mit ihnen flirtest und damit ihr Ego beschädigst.

Es ist egal wie Du Dich verhältst. Es ist gleich, ob Du auf irgendwelche Spiele, die einen berechneten Hintergrund haben (wie z.B. nichtige Sms-Beweissammlung etc.) mit einsteigst, oder ob Du das ignorierst.

Die Justiz ist nicht am Menschen interessiert. Sie befinden sich im Geschäftsmodus! In diesen musst Du auch endlich wechseln!
Sie haben ein festes Gehalt und es gemütlich warm zu hause.
Streitende Eltern sind lästig und man geht also den leichten Weg = Willkürliche Beschlusserteilungen an den vermeintlich Schwächeren.

Eine Zeit lang musst Du vielleicht mitspielen, aber wohin es führt ist klar - Nicht in die Gerechtigkeit für die Mütter.
Also steige vom Schlachtfeld herunter. Denn Du kannst dieses Spiel unmöglich gewinnen, weil Du nicht die Regeln dafür gemacht hast.
Die schon!

"Man kann gewisse Menschen alle Zeit täuschen,
und man kann auch eine gewisse Zeit alle Menschen täuschen.
Aber man kann nicht alle Menschen alle Zeit täuschen."
- Abraham Lincoln -

Bevor Du das Schlachtfeld verlassen kannst..

..Beachte diese Dinge:

- Sei freundlich aber fest (nicht unterwürfig)
- Hab ein gepflegtes Zuhause und sei selbst gepflegt
- Erwähne immer Fakten, aber keine Emotionen
- Sei gut vorbereitet..
- Lass Dich niemals von Aussagen und amtlichen Schreiben einschüchtern

Die öffentliche Fürsorge (Das Jugendamt/Das Gericht)

Interessiert sich nicht für das was war, sondern für den Eindruck den DU im AKTUELLEN MOMENT bei ihnen machst.

Sie verdienen ihr Geld mit Dir als alleinerziehender Mutter. Sie treten Dir auf der geschäftlichen Ebene gegenüber. Tue dies auch:

- **Sei freundlich, aber fest (nicht unterwürfig)**

Verbindlich um es in einem Wort zu sagen. Ich definiere einmal Verbindlich: Verbindlich bedeutet freundlich zu sein (nicht nett!) zuzuhören, auf den anderen einzugehen, aber trotzdem fest und unnachgiebig zu sein.

Ich möchte Dir ein schönes Beispiel geben, denn Du kannst Verbindlichkeit lernen! Sie ist im Geschäftsmodus wichtig.

Als 17-jährige dachte ich einmal ich müsste meinen Vorgesetzten/Ausbildern gegenüber diplomatisch und harmonisch sein. Ihren Anweisungen folgen und nicht unfreundlich sein.
Was passierte war, dass ich Freundlichkeit mit nett sein verwechselte, welches automatisch als Unterwürfigkeit verstanden wird. Davor kann niemand Respekt haben!

Egal welch guter Mensch vor dir steht. Das ist ein Gesetz der Natur. Diese Diplomatie wurde als Standpunktlos (manipulierbar) verstanden.
Ich tat also alles was man mir von oben sagte und die Beziehung zu diesen Menschen wurde immer schlimmer.

Erst Jahre später wagte ich mich an dieses Thema wieder heran.

Also fragte ich den Meister der Verbindlichkeit (meinen Vater) was denn nun genau Verbindlichkeit ausmacht und wie ich es mache. Er erzählte mir von dem feinen Unterschied, das Freundlichkeit trotzdem eine gewisse Festigkeit hat und Nettigkeit sehr schwammig und bei Verhandlungen oder geschäftlichen Beziehungen sehr unangebracht ist und zum Verlieren führt.

Nach einigen Versuchen und Fehlschlägen, probierte und lernte ich es weiter. Es kam dann der Moment, wo ich unglaublich freundlich im Kontakt sein konnte und trotzdem meine Meinungen und meinen Fokus nicht hinten an stellte.

Worte wie: „Ich glaube..“ wurden durch ein sicheres „Ich denke..“ ausgetauscht.

Worte wie: „Also es wäre schön wenn Sie.." wurden ausgetauscht durch „Ich möchte es so und so. Lächel- PUNKT." Das ist freundlich aber fest!

Wenn Du die Phase mit Ämtern und „Gesandten" schon durchlaufen hast, welche ich hier grade abhandle, wird mit Sicherheit auch bei Dir Freundlichkeit nicht mehr von Nöten sein. Denn ab einem bestimmten Punkt muss man (Frau) vom Opfer zum „Täter" werden, um die Opferrolle überhaupt erst verlassen zu können-
Aber das bitte erst in den späteren Phasen, wenn alles probiert wurde. Und Du mit Sicherheit sagen kannst, dass nicht Du alles verhinderst, sondern das man mittlerweile Dich an allem hindert.

Ich schreibe diesen Leitfaden für Dich. Du kannst mir glauben, ich lebe mittlerweile vor Gerichten, Anwälten, dem Vater, Umgangspflegern (und vor dem Jugendamt sowieso..) nach dem Motto: Ist der Ruf erst ruiniert, lebt es sich ganz ungeniert :) Sonst könnte ich mit meiner Arbeit hier ja auch gleich einpacken - Ausflug in meinen öffentlichen Ruf bei diesen Menschen zu Ende :)
- Kommen wir also zum nächsten Punkt:

- **Hab ein gepflegtes Zuhause und sei selbst gepflegt**

Erinnerst Du Dich, wie ich sagte, das die Vergangenheit weder bei Gericht noch bei der Bewertung des Jugendamtes oder eines Umgangspflegers zählt? Bei laufenden Prozessen habe Deine Wohnung immer sauber für Beurteilungen und kleide Dich selber gut und gepflegt.
Häufig fallen so unverantwortlich schnell psychologische Gutachten über „verwahrlost", „depressiv", „ungefestigt", „hysterisch", etc.

Bringe also rüber, das Du in der Lage bist Dich um Dein Kind und Deinen Haushalt zu kümmern, egal ob Du gerade einen Job hast oder nicht. Das ist für diese Kontakte irrelevant. Und das Du eine gefestigte und klare Person bist, die ihre Emotionen im Griff hat.

- **Erwähne immer Fakten, aber keine Emotionen**

Wenn Du darüber traurig bist, dass Dein Ex-Partner Dir nicht bei Deinem Kind hilft, dann kannst Du das als Emotion rüber bringen, oder als Fakt. Die Fakten in Deinen Emotionen hast Du mittlerweile selber herausgefiltert und Du kannst/sollst sie beim Umgang mit Ämtern und deren Gehilfserfüllen benutzen.

Stell Dir vor es sitzt ein Gesandter vor Dir, der den Umgang zwischen Dir, Deinem Kind und dem Vater beurteilen soll. Du erzählst wie schlimm er sich verhält und wie sehr er Dich im Stich lässt. Das ist emotional.

Die selbe Situation kannst Du aber auch völlig sachlich (ohne Emotionen) und nüchtern als Fakt vermitteln: Es ist so, dass er dann und dann bei uns ist und das und das funktioniert nicht. Die restliche Zeit mache ich alles selber. Das sind Fakten.

Hast Du gemerkt, wie man ein und die selbe Sache ganz unterschiedlich hervorbringen kann? Übe das! Wenn nötig schrei und heul Dich Tage vor solchen Termine aus, aber begeh nie den Fehler, bei Kontakten mit Amtspflegern, Emotionen anstatt Fakten zu transportieren..

Erzähl ihnen nicht die widerlichen Geschichten, aber lass trotzdem keinen Fakt aus!

Am besten Du erzählst Deine Geschichten einem engen Menschen und notierst Dir einfach zwischendurch oder kurz danach, welche Geschehnisse Du gerade erzählt hast und formulierst sie anschließend in einen sachliche Fakt um. Diese „Liste“ liest Du häufiger in dieser Zeit des Ämterkontaktes, sodass Du sicher sein kannst nicht zu vergessen, was erwähnt werden muss, es aber ohne Probleme als Fakt herüber bringen kannst.

Sei über all dies hinaus nie wirklich von ihrer Gunst abhängig! Du musst Dich zu keiner Zeit prostituieren! Niemals! Bleib Dir treu..

- **Sei gut vorbereitet**

Dazu zählt, dass Du einen Anwalt an Deiner Seite hast, der Dir im wesentlichen hilft und Dich auf das was erledigt werden muss, hinweist. (Bestimmte Gesetze etc.)

Frage ihn was Du tun kannst. Von selbst kommt keiner um Dich zurechtzuweisen. Tue das wo Du nicht drum herum kommst (z.B. grundsätzlich Umgang zu gewähren), aber denke selber in neuen Wegen und Möglichkeiten wie Du das für Dich befriedigend lebst. Deine Liste der Fakten hilft Dir beim Anwalt gut vorbereitet zu sein. Wie Du einen guten Anwalt findest erfährst Du im passenden Kapitel auch noch.

- **Lass Dich niemals von Aussagen und amtlichen schreiben einschüchtern**

Weil sie ganz genau wissen, das sie nicht viel gegen Dich machen können, außer das sie die „Macht des Angstmachens“ nutzen können.

So lasse ich mir nichts einreden, was ich sollte, und nicht tun sollte, bevor ich nicht richterlich dazu benannt wurde!

Merke:
Das Jugendamt hat weniger Macht über Dich, als Du Dir vielleicht gerade einreden lässt. Umgangspfleger möchten am allerliebsten nur reine und harmonische Berichte verfassen und agieren deshalb häufig manipulativ.
Alles was ohne Fakt oder nicht logisch untermauert wird (aus Emotionen dererseits besteht!) musst Du nicht annehmen. Halte mit Deinen Fakten dagegen.

Wenn Dir das alles zu schwierig erscheint, gewöhne Dir am besten diese Vorgehensweise an:

Du wirst kontaktiert und musst nun reagieren. Achte genau darauf, wie Du Dich jetzt fühlst. Bist du angespannt und es nervt Dich das Du schon wieder reagieren musst, ODER ist die pure Angst am Werk..

Wenn Du pure Angst verspürst, liegt das nicht daran, weil Du einer Herausforderung gegenüber stehst, sondern weil von anderer Seite aus etwas nicht stimmt.

Mit hoher Wahrscheinlichkeit wird hier gerade Angst als Instrument eingesetzt und man will Dinge von Dir, die gar nicht legitim sind. Sondern es erst werden, wenn Du eingeschüchtert drauf eingegangen bist (im schlimmsten Fall unterschreibst) Tu das niemals!

Du musst nicht alle Telefonate entgegen nehmen. Du musst nicht jedem Hinz und Kunz Rechenschaft über etwas ablegen.
Ja Du darfst sogar manche Schreiben unbeantwortet lassen.

Du darfst zu einem Gerichtstermin erscheinen, ohne vorher allen möglichen Menschen ihre Bedürfnisse erfüllt zu haben. Man kann über Dich denken das Du eine richtige „Asi-Schlampe“ bist :) :)
Ich wähle dieses Wort bewusst, weil es ja solche Mütter gibt-

..Und Du wirst sehen das man Dir deshalb das Kind nicht wegnehmen wird, Du Dich aber besser fühlen wirst und sogar besser bei wegkommen wirst.

All die Frauen die sich schon im Vorfeld bei Jugendämtern verpflichten und alles umsetzen was gar nicht müsste - Dies wird bei anschließenden Verhandlungen natürlich als Grundlage genommen das nun alles legitim ist. Weil Du es durch Deine Zustimmung legitim gemacht hast!

Als ich damals gleich nach der Geburt meines Kindes vom Jugendamt angerufen wurde, spürte ich am Telefon gleich das ein verquerrt denkendes Geschöpf am anderen Ende auf mich ein-manipulieren wollte. Der kalte, befehlende Ton nachdem ich geschildert hatte wie mich der Vater schwanger vor die Tür gesetzt hatte, sagte mir das es nicht schlimm wäre diese Institution in Zukunft weder in mein Telefon zu lassen, noch Briefe zu beachten.

Tatsächlich stellte sich nach Monaten und Jahren raus, das ich dadurch keine Nachteile hatte, sie aber bekommen hätte, hätte ich mich auf diesen „Roboter“ von Mensch eingelassen!

Wenn ich etwas gelernt habe, in meiner eigene Zeit der Auseinandersetzung, dann das ich niemandem mehr verpflichtet bin, als in erster Linie mir selbst und dann meinem Kind, und dann erst, wenn überhaupt, allen anderen.

Falls mir eine nette Zombie-Anwältin des netten Macht-Papas nun unterstellen wolle, ich wäre selbstsüchtig und würde das Wohl des Kindes außer acht lassen: „Geht es der Mutter nicht gut, kann es auch dem Kind nicht gut gehen." Ein lieber Gruß - Die Mutter ist sich also tatsächlich in erster Linie nur sich selbst gegenüber verpflichtet. Und erst danach allen anderen.. Denn sonst ist sie nicht in der Lage ein gutes Vorbild und eine gute Mutter zu sein.

Eigene Fehler, welche Dich von diesem selbstsicheren Verhalten abhalten:

Fehler Nr. 1:
Der andere soll Dich verstehen-

Nein! Es muss Dich niemand verstehen. Unter Unverständnis musst Du nicht leiden und nicht zu Grunde gehen. Dein Fokus liegt nicht darauf, dass Dich irgendwer versteht (Gerichte, Papa, Anwälte..), sondern dass Du das was Du willst und das was an Fakten ist klar und deutlich verständigst. Auch bei Deinem Anwalt! Es muss Dich einen Dreck scheren, was andere Leute von Dir denken und ob sie die Wahrheit kennen oder nicht. Denn beides interessiert sie nicht!

Fehler Nr. 2:
Man soll dir entgegenkommen-

Keiner wird Dir entgegenkommen, wenn Du nicht auf Langzeit den Tatsachen unnachgiebig Ausdruck verleihst.
Man wird Dir nicht entgegen kommen. Man wird Dir solange Dinge zumuten, bis Du STOPP sagst.

Was passieren wird, wenn Du die Punkte aus diesem Kapitel einhältst:

- Du kommst Souverän rüber
- Keiner würde Dich als unloyal oder über-emotional einstufen
- Du vermittelst Stärke, Echtheit und Lösungsorientiertheit

Alles wichtige Dinge, die den Umgang mit Jugend-Ämtern, Umgangspflegern etc. bei Erstbegegnungen ausmachen! Und nichts anderes zählt dort-

Ich muss es noch einmal wiederholen:
Keiner dort möchte all die Geschichten von all den Müttern hören. Sie sind davon gelangweilt und nehmen Dich letztendlich nicht ernst. Außer als „über-emotional" oder „hysterisch" und somit nicht mehr Herr der Lage.

Die Schlichtungs-Lüge „Elternebene"

..und warum du Dich von Institutionen nicht stressen lassen brauchst!
Einrichtungen und Staatsorganisationen versuchen immer eine sogenannte „Elternebene" zu erzwingen/erzielen. Auf wessen kosten? Auf die der Mutter..

Denn es gibt keine Elternebene! Das Kind wird von der Mutter **alleine** großgezogen!

Sie spielt gänzlich alleine auf dieser „Elternebene“. Die Paar-ebene ist gescheitert. Und die meisten Mütter leiden unter der nicht wahrgenommenen Verantwortung der Väter (ausgenommen die Väter die sich wirklich kümmern..).

Sie nehmen ihre Verantwortung, ihr Muttersein wahr, befinden sich also schon auf dieser Ebene. Der Vater nicht. Und deshalb ist es ein Unding der Justiz, dass Mütter zu Umgangspflegschaften, Gerichtsterminen und Jugendamtsaufsichten, sowie „Eltern-Therapien“ gezwungen werden, wo sie doch schon die Verantwortung von Mutter UND Vater tragen.

Demnach darf es nicht das scheinheilige Ziel dieser Einrichtungen sein, die Elternebene „wiederherzustellen“ (die gab es noch nie!), sondern die Väter auf die nicht wahrgenommene „Verantwortungsebene“ zu geleiten. Sie auf diese Ebene aufmerksam zu machen und wenn dies nicht fruchtet, die Mütter in ihrer alleinigen Elternschaft zu unterstützen. Das würde Sinn ergeben!

Rechte für Väter - Pflichten den Müttern..

Aber was machen solche Einrichtungen? Aus Langeweile, weil dieses Ziel sowieso nie erreicht werden kann.. Sie lassen sich aberwitzige und unsinnige Systeme für ganz offensichtlich nicht vorhandene „Eltern“ ausdenken, zwingen beide und stärken den Vätern auch noch immer mehr den Rücken, wenn die Mütter nicht mehr können (wegen dem Vater nicht mehr können, NICHT wegen ihrer Mutterrolle (!) -es satt haben und sich logischerweise zurück ziehen.

Wir sind schon genug mit der Verantwortung für unsere Kinder beschäftigt.
Wer das einmal entlarvt, der will sich von diesen Institutionen nicht mehr einlullen und betrügen lassen.

Das System ist so ignorant, so verquerrt und mittlerweile so krank, dass es sich als einzige Lösung empfiehlt von diesem Spielfeld so weit es geht herunterzutreten, bevor man zerlegt wird und nicht mehr klar einordnen kann. Und ich will Dir weitere Möglichkeiten aufzeigen..!

Du brauchst Dir keine miese Trennungstherapie von irgendwem aufschwatzen lassen. Du brauchst keine Trennungstherapie! Schließlich seit ihr schon getrennt und wenn der Papa Dich unterstützen will, dann soll er das gerne machen und wenn er das nicht will oder nicht kann, dann kann er eine Therapie machen, aber bestimmt nicht DU!

Diese Behörden lassen sich die dollsten und unverschämtesten Sachen einfallen :)

Solange Du Umgang gewährst und eine gute Mutter bist, musst Du Dich diesem Spiel nicht mehr aussetzen.
Es kann Dir egal sein was irgendjemand irgendwo von Dir denkt. Erfüllst Du beide Kriterien wird man Dir weder Dein Kind wegnehmen, noch Dich einbuchten.

Und das bedeutet, so lange Du diese Kriterien erfüllst kann man Dir sonst was erzählen und aufs Auge drücken wollen.

Denn Du hast mittlerweile vergessen:
Du bist NUR eine Mutter, KEIN Straftäter!

Dein Aktionsschritt:

Beantworte Dir diese beiden Fragen..

- Bist Du eine gute und liebevolle Mutter?
- gewährst Du Kind und Vater Umgang (So wie es mit Deinem privaten Leben kompatibel ist)?

Dann kann es Dir egal sein was Institutionen und Staatsdiener von Dir gerne hätten und es Dir getrost von der Backe wischen, und den Stress und die Angst ab jetzt hinter Dir lassen! Denn es gibt keinen Grund dafür..

Die Phase der Stagnation und Resignation - nichts geht mehr.. Während dieser Phase bist Du vielleicht an einem energetischen Tiefpunkt angelangt. Nicht aber, wenn Du gelernt hast Grenzen zu setzen und damit Deine Interessen erfolgreich zu vertreten. Aber es geht noch nicht wirklich weiter für Dich. Deine Selbstbestimmtheit ist lange abhanden gekommen. Diese holst Du Dir nun zurück. Nach dem Kampf und der Depression, kommt immer der Aufschwung!

Kapitel 6 Raus aus dem Kampf ..rein in die Selbstbestimmtheit

Denkst Du an Gerechtigkeit? Entrüstest Du Dich immer noch über „unfaires" Handeln und be-handelt werden? Wenn dem so ist, dann gehe ich davon aus, dass Du Werte im Leben hast und das Du deswegen fühlst, dass auch andere Menschen ein Wertempfinden haben müssten und deswegen ihre Umwelt fair und gerecht behandeln müssten.
Dem ist aber nicht so. Wie du selber schon gemerkt haben wirst.

Die Menschen sind unterschiedlich und empfinden manche Dinge nicht. Deswegen läuft es nicht immer fair ab. Gleichzeitig bedeutet dies aber auch, dass Du eine gewisse Pflicht hast: Nämlich selber für Gerechtigkeit zu sorgen.

Ich weiß, es gibt die unterschiedlichsten Gründe, warum man alleinerziehend wurde.. aber entscheidend ist doch, dass die meisten Mütter alles alleine machen, leiden und unter dem Machtregime des leiblichen Vaters stehen und verkümmern. Das darf nicht mehr sein!

Was kannst Du tun, um wegen Ungerechtigkeit nicht mehr leiden zu müssen? Und was kannst Du tun, um Ungerechtigkeit aus Deinem Leben zu verbannen?

Verlasse das Schlachtfeld

Du musst Dir selbst gegenüber treu sein indem Du Dich entscheidest immer Deine Interessen zu vertreten. Egal wie das ein anderer findet, oder ob es bedeutet, das Du Gerichtsbeschlüsse und das handeln anderer anfängst zu hinterfragen und nicht einfach billigend hinnimmst.

Die Systeme sind so gestrickt, das man immer die gleichen Stufen aufheben will. Man trägt Umhänge im Richtersaal, damit Du Dich eine Stufe unter sie stellst und Dich machtloser fühlst.
Man packt Stempel auf Deine Briefe, damit Du denkst es sei beschlossene Sache und Du kannst nichts dagegen tun.

Die Entscheidung Dir treu zu sein bedeutet in die eigene Selbstbestimmtheit zu kommen. Und das ist ein Weg, der sich im Leben sehr lohnt.

Das geht nur, wenn Du aufhörst zu kämpfen und Dich zu entrüsten.
Es zählt keine Logik, kein menschliches Empfinden und kein fair oder unfair.
Es zählt die Vorgeschichte beim Gericht NICHT. Es ist ihnen dort egal, ob der Vater euch verließ, weil er die Verantwortung nicht übernehmen wollte und damit schließlich die Familie zerstörte..

Das auch dort immer mehr zum Wohle der Väter gehandelt wird ist nicht fair. Aber darum geht es in unserem System NICHT.

Und jetzt hör gut zu:

Ich weiß, die meisten Mütter handeln und empfinden viel zu zaghaft, weil sie an Recht und Unrecht glauben.
Sie wollen „nicht noch mehr Schaden anrichten", als ohnehin schon angerichtet wurde. Sie wollen es „dem Kind nicht schwer machen", aber genau DAMIT machen sie es dem Kind UND sich selber schwerer. Denn das ist passives Handeln = NICHT-HANDELN! Und das macht alles in Deinem Leben schlimmer und machtloser-

Gerichte sind niemand speziellem wohlgesonnen. Auch nicht der Deckmantel : „Zum Wohle des Kindes.." Damit sollen die Mütter eingeschüchtert werden und auf einer emotionalen Schuldebene getroffen werden. Und das klappt ja bislang auch prima! Denn die meisten Mütter fühlen sich tatsächlich schuldig! Auch wenn dies verkehrte Welt ist!

Du hast keine Schuld! Du erziehst ganz alleine Dein Kind/Deine Kinder! Du erbringst das größte und wertvollste für einen Staat: den Erhalt des Staates durch das großziehen von Nachkommen!

Du bist verantwortungsbewusst und liebevoll. Du GIBST. Und hast Dein eigenes Leben hinten an gestellt für diese große Tat!
Du müsstest vom menschlichen Empfinden her ALLE Unterstützung bekommen. Aber was passiert? Man will Dir noch mehr Auflagen erteilen.

Und anstatt Dich zu unterstützen, gibt man einem NICHT-GEBENDEN (dem Vater) noch mehr, und das zu lasten der Mütter. Das trotzt jeder Logik und jedem Menschenverstand!
Verstehst Du es denn endlich? Es wird genommen und Dir so viel zugemutet, bis Du STOPP sagst!

..solange, bis Du das Schlachtfeld endlich verlässt.

Es geht nicht um Geben, sondern um haben.. und da dies ein rücksichtsloses, werteloses und egoistisches Verhalten ist (vom Vater und von einem verantwortungslosen Staat und deren Vertretern), kannst Du das jetzt auch mal ein 'ganz bisschen' mehr raus hängen lassen. Wenn Du es endlich verstanden hast, vielleicht auch ein bisschen mehr.. :)

Du musst anfangen, Dich auf eine gleiche Ebene mit diesen Menschen zu stellen. Das geht nicht, wenn Du gegen sie arbeitest. Du musst für etwas arbeiten, während Du dabei die Spielregeln beachtest.

Erinnerst Du Dich an den ersten Band von KlasseMami? Dort erkläre ich, wie wichtig es ist, FÜR etwas zu sein und seine Energie nicht dafür nutzlos zu verschwenden GEGEN etwas zu sein. Du musst Deine Energie (Deine Handlungen) sinnvoll und produktiv einsetzen.
Und wie du das beim Thema Gerichte machst möchte ich Dir einmal so erklären:

Du stehst auf einem Schachbrett und bist am Zug. Dein Gegner befolgt die Spielregeln und geht klug über das Schachbrett. Nun bist Du am Zug und anstatt einen klugen Schachzug zu tätigen, fängst Du an zu protestieren und zu rebellieren.

Dein Gegner lacht nur. Weil Protest Dich kein einziges Feld weiter nach vorn bringen wird.. Das gewüte interessiert ihn nicht.
Und die anderen Mitspieler (das Gericht, etc.) auch nicht.

Mit „Gewissen", „fair" oder „unfair", oder.. „sie müssen doch verstehen..!", kannst Du in diesem Spiel nicht kommen.
Gewinnen wirst Du dieses Spiel nicht. Dich nur immer mehr verausgaben und erschöpfen.
Befolge die Spielregeln und schlag sie mit ihren eigenen Regeln!

Dein Aktionsschritt:
Trete aus diesem Spiel aus ODER gehe wenigstens einen klugen Schachzug weiter Richtung Spielende, um diesen Kampf zu verlassen.

Das heißt:
Hör auf zu rebellieren, Dich zu entrüsten und zu leiden! Es gilt Aussage gegen Aussage.

Ergib Dich nicht Deinem „Schicksal“. Geh aus der Passivität heraus und komme so in die Selbstbestimmtheit und Freiheit.

Und vor allem: welche Absicht steckt bei Dir dahinter? Willst Du minderwertige Ziele verfolgen, selber macht ausüben, Rachsucht und verletzte Gefühle befriedigen? ..oder willst Du endlich aus den Zwängen raus, wirkliche, echte Selbstbestimmtheit für Dein Leben als oberste Priorität erlangen, und steckt legitimes Freiheitsstreben dahinter?

Auch hier ist Dein „Warum“ sehr wichtig. Mit dem falschen „Warum“ wirst Du auf die Nase fallen. Mit einem guten Warum, wirst Du voller Energie den richtigen Schachzug tätigen. Ohne Dich entrüsten zu müssen.. Ohne Dich weiterhin dort oben schlachten lassen zu müssen.

Du bist so eingeschüchtert und im Strom der anderen mit all ihren Anforderungen an Dich, dass Du denkst Du müsstest FÜR DEIN KIND diese Dinge ertragen, Dich immer weiter unter andere Menschen stellen und Deine Bedürfnisse und Menschenrechte völlig ausblenden.

Hier lernst Du, Dich wieder auf eine menschliche Ebene zu stellen.

Kapitel 7 Erst im Guten.. dann mit voller Wucht!

Meine Mutter erzählte mir mal, wie ihr Vater zu ihr meinte: „Was glaubst Du denn, ich habe im Krieg Menschen erschießen müssen! Wenn ich nicht geschossen hätte, hätten sie mich erschossen." Übersetzt heißt das: warte nicht, bis man Dich kaputt gemacht, und all Deiner Rechte enteignet hat ..und es am Ende auch noch für legitim erachtet.

Du musst nicht mehr leiden- Du bist ein MENSCH. Das einzige was Du machen musst, ist JETZT aus Deiner reaktiven Abwehrhaltung, in die verantwortungsvolle und aktive Haltung eines Menschen zu gleiten. Eines beseelten Wesens, das Menschenrechte hat!

Reaktiv bedeutet: das Du ständig immer nur auf die anderen eingehst und auf sie reagierst.

<u>Lass doch mal Dein Umfeld auf Dich reagieren müssen!</u>

Sei ein Teil der selbstbestimmten Menschen, die sich diese Entmündigung nicht gefallen lassen und hol Dir Dein Leben zurück.

Du musst Deinen Single-Mama-Kopf anschmeißen und die Dinge anfangen zu hinterfragen.
Sonst wirst Du immer geknechteter in einem kranken System sein und somit, mit Selbstbestimmtheit und Freiheit, herhalten müssen!

„Durch ihre Unglaubhaftigkeit entzieht sich die Wahrheit dem Erkannt werden."
- Heraklit 500 vor Christi -

Wie Du vermeidest re-aktiv zu sein:

Zieh Hilfe von einem Fachmann hinzu, wenn Deinem Kind sichtlicher Schaden zugefügt wird.

In meinem Fall, kam mein Kind nach einem ganzen Tag Umgang bei dem Vater regelmäßig dehydriert, in völlig desolatem Zustand, vollgepisst (obwohl schon über ein Jahr windelfrei) und ausgehungert wieder. Sodass ich ihn mit mehreren Mahlzeiten und mehreren Flaschen Flüssigkeit am Abend wieder aufpäppeln musste.

Das bekam ich sogar vom Vater schriftlich, aber Gerichte sind nicht gerecht. Ein anderer Mensch (Fachmann) hingegen kann nicht so einfach ignoriert werden, wenn etwas eindeutig abgeklärt wurde.

Das tust Du ja nicht um ihm das Kind nicht mehr aushändigen zu müssen, sondern in erster Linie, um aktiv ungute Zustände schnell verändern zu können und dass das Kind und Du keine unwiderruflichen Nachteile vor Gericht zu erleiden habt - Das tust Du, um nicht mehr in der re-aktiven Haltung festzustecken.

- Verfolge Deine/Eure Interessen.. die anderen können reagieren, wenn es ihnen nicht passt!
- Passe Deinen Alltag und Deine Freizeit NICHT an den Vater an. Er kann re-agieren und plausible Gründe suchen, die dagegen sprechen. Du musst den anderen nicht mehr die Arbeit abnehmen- Du hast nämlich auch Deine Gründe und musst aufhören ständig auf alles und jeden einzugehen (außer auf Dein Kind) und ihnen ihre „Wünsche" zu erfüllen (dem Papa, Institutionen, etc.).

Was rechtlich zählt

- Nicht wie es der Mutter geht
- Nicht wie es dem Vater geht
- Nur ob das Kind durch den Vater oder durch die Mutter in seiner Entwicklung geschädigt wird oder nicht.

Da aber sogar selbst letzteres kaum noch beachtet wird und durch Stärkung der Väter-rechte das Motto: „Rechte den Vätern, Pflichten den Müttern" gilt, kannst Du darauf pfeifen Dein Augenmerk auch darauf zu legen und hier einfach anfangen Mensch zu werden..

Ist die Schädigung der Kindesentwicklung doch der Fall?
Dann einfach ein knappes 2-Minuten-Protokoll vor und nach den Umgängen erstellen (genaueres kommt im letzten Praxis-Kapitel dazu).

Und wenn der Vater dann wieder zum Gericht geht und wieder neue Rechte einfordern will (geteiltes Sorgerecht oder ausgeweitetes Umgangsrecht), dann hast Du schon alles beisammen durch Deine kurzen, knappen Protokolle.

Darin hältst Du Dinge fest wie: Wenn Dein Kind z.B. (wie in meinem Fall) aggressiv oder dehydriert nach Hause kommt, stark Gewicht verliert wegen fehlender Nahrungsgabe, die Mutter unmittelbar nach den Umgängen jedes mal vom Kind beschimpft wird..
Dann trägst kannst Du vortragen wie das Kindeswohl hierdurch beeinträchtigt wird und hast gute Chancen das er mit seinen Forderungen (und höchstwahrscheinlich daran gekoppelten Einschränkungen für Dich und im schlimmsten Fall auch für das kind) nicht weiter kommt.

Wenn es Deinem Kind bei ihm und durch ihn gut geht spricht ja nichts dagegen die Umgänge und die Rechte auszuweiten.

Denke immer daran:
Es geht nicht um die Mutter und nicht um den Vater (Deine Befindlichkeiten sind zu jeder Zeit irrelevant und fehl am Platz!), sondern darum ob die Entwicklung des Kindes geschädigt wird oder nicht.

Laut Gerichtsbeschluss durfte ich nur alle 8 Wochen verreisen, musste wöchentlich am WE mit meinem Kind für den Vater parat stehen und es rausgeben und hatte kein frei bestimmbares Wochenende (und das trotz alleinigem Sorgerecht!).
Aber ich ließ mir meine Freiheit nicht nehmen-

Ich bin ein Mensch. Beseelt, wertvoll und mit dem Recht auf ein frei bestimmbares Leben.
Wenn ich weg möchte und es ist so kurzfristig das ich nicht Wochen vorher in festgelegter Frist oder ohne „Erlaubnis“ weg kann, dann tue ich das trotzdem, weil es in diesem Moment mir und meinem Kind gut tut.
Ich akzeptiere dann die weniger schlimmen Konsequenzen.

Ich bin grundsätzlich im „Geschäftsmodus“. Bei meiner Freiheit und Selbstbestimmtheit bin ich im menschlichen Modus - und entscheide mich für mich als Menschen.

Sei mal einfach ein Mensch. Im Grundgesetzbuch ist festgehalten das ein Mensch immer über einem Rechtssystem steht, auch wenn das von Gerichten bewusst missachtet wird. Denn sie behandeln als unbeseelte „Angelegenheit“.

Rechtlich kannst Du dagegen nicht vorgehen. Da haben sie sich gut abgesichert, wie z.B. das sie Dich in Verhandlungen gar nicht als Mensch aufrufen sondern als Sache, indem sie dort extra so-benannte „Angelegenheiten“ und auf Handelsebene (Geschäftsebene) ausüben. Diese Schlitzohren sind wirklich sehr abgesichert. Der Slogan aus dem Grundgesetzbuch: „Für das Volk“, gilt schon lange nicht mehr. Sondern: „Für die eigene Geldbörse“. Was glaubst Du was sie an Dir alles verdienen..

Aber eines ist sicher auf Deiner Seite und Du kannst Dich deshalb entspannen: Wenn der Vater wirklich ein riesen mega A**** sein sollte, dann wird Dein Kind das später schon spitz kriegen und alles richtig einordnen können. Vom Gefühl her und später sogar auch vom Verstand her.

Deine Aufgabe ist es doch nur dem Kind all Deine Liebe zu geben die Du hast und es ins Erwachsenen Leben zu begleiten. Wenn ein Kind mit Liebe aufwächst, dann wächst es doch gesund und klar auf. Und das ist alles was Du tun kannst.

Wenn ein unzumutbarer Gerichtsbeschluss vollzogen wurde:

Erhebst Du Einspruch. Danach erhebst Du Einspruch gegen das was daraus resultierte usw..

Wenn ein Richter jedes mal offensichtlich zu Gunsten der Gegenpartei entscheidet, lehnst Du ihn bei der nächsten Gerichtsterminaufforderung einfach wegen Befangenheit ab.

Merke:
Die Gerichte kommen einem mittlerweile nicht mehr mit Beschlüssen, sondern mit sogenannten „Vergleichen" das weist Du als Leihe nicht, das dies wie ein bindender Vertrag ist. Ein angebliches Übereinkommen zwischen den Parteien, wo jeder „angeblich" zugestimmt hat.

Zu dieser Zustimmung wirst Du natürlich während dieser Verhandlung hin gedrängt. Sprich bei Deinem Anwalt/Deiner Anwältin dies an (und zwar bevor so etwas mieses passiert).

Bei einem sogenannten „Vergleich" kann man im Nachhinein nämlich leider keinen Einspruch erheben. Nur nach ein bisschen verstrichener Zeit selber erneut zum Gericht gehen und sagen das der Vergleich nicht umsetzbar ist.

Dazu musst Du natürlich Dein 2-Minuten-Umgangsprotokoll (Tagebücher) haben. Aber besser vorher nicht drauf einlassen und nicht zustimmen, anstatt den ganzen Aufwand zu haben, wenn die Scherben schon gemacht wurden.

Lebe Beschlüsse/Vergleiche etc. ohne Angst. Ohne Abgabe von Macht und als Mensch. Wenn Du dieses Buch aufmerksam gelesen hast, weist Du was ich damit meine.
Denke immer daran: Die Regeln macht zwar wer anderes, aber die Entscheidungen im Moment triffst Du.. Konsequenzen sind hier nie wirklich schlimm, nur das Einschüchterungsspiel welches im Vorfeld (auch ohne böse Absicht durch den eigenen Anwalt) an der Mutter geleistet wird ist das was Deine Probleme hervorruft. Verstanden..?

Aussage gegen Aussage

Vor Gericht steht meist Aussage gegen Aussage..
Und nun höre gut zu..
Es ist ein Spiel. Und alle spielen es richtig - Außer Du.

Ich war getroffen, entrüstet und perplex wenn der Vater des Kindes am Gericht log und mir dabei in die Augen sah, ebenso seine Anwältin.
Heute habe ich das Spiel verstanden und lasse mich dort nicht mehr schlachten.
Du solltest dieses Spiel auch endlich verstehen, Deine Emotionen da völlig draußen lassen und bei „Aussage gegen Aussage" tapfer mitmachen.

Sei bloß nicht hysterisch. Dahin will man die Mütter liebend gern kriegen.

Es interessiert das Gericht nicht, wer was gesagt hat, wer wen vor die Tür setzte, ob es um Machtmissbrauch geht oder nicht und ob es der Mutter schlecht ergeht oder nicht. **Es geht um das Kind**.

Anwälte haben so ziemlich ihre Seele verkauft.. Sie machen es aus Überzeugung: Nämlich fürs Geld. Also bezahl sie bitte nicht mit Gerichtskostenhilfe!

Was tun mächtige Menschen?

- Sie delegieren
- regieren
- ordnen an..

Was tun ohnmächtige, schwache Menschen?

- Sie beantragen (Jobcenter)
- sie protestieren (Gericht)
- sie rebellieren (Streit)
- sie kriechen (Angst und Sorge)

Höre mit all dem auf!

Hör mit ohnmächtigem und reaktivem Verhalten auf. Schau lieber auf die obere Spalte und veranlasse Änderungen wenn Deinem Kind Schaden zugefügt wird.

Dein Aktionsschritt:

Stell Dich auf Augenhöhe mit allen Menschen um Dich herum. Schlag sie mit ihren eigenen Regeln!

Du musst dafür nicht selbst zum Peiniger werden..
Der Vater ist wegen „dem Kindeswohl" mal wieder vor Gericht gezogen?
Dann erscheine auch Du dort wegen dem Kindeswohl - und nicht mehr um DICH knebeln zu lassen.

Der Vater zahlt nichts.. Finanzen und der Papa..

Na und? Willst Du wirklich diesem Problem hinterher rennen? Das ist entwürdigend.. Und entweder er möchte sein Kind und die Mutter seines Kindes finanziell unterstützen oder er wird es eh nicht tun. Manch einer zahlt läppische 250 € im Monat und meint er hätte damit die Vollmacht über die Mutter (und das Kind sowieso) gebucht :)

Mach selbst was! Am besten was sinnvolles. Etwas das Dir richtig Spaß macht und nimm Deinen Preis dafür! Heute ist es möglich ohne Kapital geschäftlich tätig zu werden! Du bist auf niemanden angewiesen! Du kannst aus freien Stücken heraus und aus eigener Kraft für Euch sorgen!

Lieber die „freie" Zeit mit Geschäftszeit aufwenden und unabhängig werden, anstatt sich mit Unzuverlässigkeiten und Streitereien (die zu nichts führen werden) mit dem Vater herumzuschlagen.

Ist ein viel besseres Gefühl.. Der Weg kann wunderschön sein. Andere machen das doch auch! Ich hab es auch geschafft.. Und ich bin ein Mensch und eine Mama, genau wie Du.. Du musst Dir nur das Selbstbewusstsein dafür zugestehen. (Ich habe dazu einen extra Onlinekurs für meine Single-Mamas erstellt. Findest Du auf meiner website: www.Alleinerziehend-KlasseMami.de)

Auch wenn Du Dich noch in der ersten Alleinerziehenden Zeit befindest.. Das ist eine Mühselige Zeit, ich weiß. Aber im weiteren Verlauf bist Du auf niemanden wirklich lange angewiesen. Lass Dir das mal gesagt sein.
Du kannst aus eigener Kraft heraus, in jedem Alter und mit jeder Lebenssituation großes erreichen!

Den höchsten Stellenwert im Leben hast Du! Gib keine Macht mehr an ihn ab und verschwende keinen Gedanken mehr an ihn. Der Vollständigkeit halber möchte ich erwähnen das Dein Kind den selben Stellenwert wie Du hast, falls böse Zungen jetzt gerne etwas anderes hier herein interpretieren wollen :) Aber ich denke das ist für Dich klar und ich erwähne es deshalb nicht mehr jedes mal extra.

Mir wurde damals eine Zeit lang die Miete vom Jobcenter bezahlt. Wow, danke.. Aber das machst Du lieber nur kurz (!), evtl. in der Zeit, wo Du gerade Dein eigenes Einkommen aufbaust.
Du kannst alleine für Dich und Dein Kind sorgen. Lass Dir nicht einreden, dass das nicht so ist.

Zu was du alles fähig bist, hast Du in der Zeit Deines Alleinerziehend -seins schon mehr als gemerkt! Also bitte keine Unterbewertung Deiner eigenen Fähigkeiten!
Auch hier - einfach selbstbewusster werden.

Die Phase der Endgültigkeit - Die Phase der Freiheit

Jetzt haust Du hoffentlich auf die Kacke! Es wurde genug nach Dir getreten und man hat zur genüge Deine Rechte als Mensch verletzt! Jetzt bist DU dran. Du hast Dir Dein Leben zurück geholt und wirst es gut leben. Nach Euren Bedürfnissen (Deinen und denen Deines Kindes) und wer Euch Gutes will und Euch unterstützen will, der ist immer herzlich Willkommen!

Praxisteil

Kapitel 8 Dein neuer Weg

Auch wenn ein Gericht das nicht „erlaubt“: Sei mutig, sei Mensch, triff Entscheidungen FÜR Dich und Dein Kind, erhebe Einsprüche bei Bußgeldern etc.
Ein anderer würde sagen „Sei dreist“ ich sage dazu „sei einfach ein wertvoller Mensch mit menschlichen Rechten“. Den Stoppriegel dafür musst Du selber vorschieben, kein anderer wird dies für Dich tun!

Schütze Dich! Mach Dich frei! Und mach Dein Recht auf Unversehrtheit durch Radikal-Abbruch zerstörerischen Kontaktes sichtbar (Ist auch bei Umgangspflicht möglich):

- Konzentriere Dich bei der Übergabe des Kindes nicht auf den Vater des Kindes, sondern auf Dein Kind selbst (liebevoll, freudig) - keine schlechten Gefühle an den Vater, sondern Gute an das Kind.

- Rede nicht über den Vater. Mit niemandem..! Auch nicht mit Deinem neuen Mann.
- Übermäßiges Tagebuch führen, zwanghaftes Beweise anhäufen tagtäglich → alles Kampf und Quatsch und festhalten am Elend.
- Schau den Vater nicht an und unterhalte Dich ggf. nicht oder so wenig wie möglich. Lass dadurch keine Energie zwischen euch entstehen. Hört sich komisch an, hilft Dir aber in der ersten Zeit der Abgrenzung enorm.
- Antworte nicht auf Sms oder Emails oder direkte Gesprächsversuche wenn nicht zwingend erforderlich (Notfall am Kind etc.)
- Bereite Dich gut auf Gerichtstermine etc. vor, aber verliere Dich nicht darin. Gesetze sind wie sie sind - es kommt darauf an was Du später daraus machst → ändere Deine Einstellung.
- Hausverbot. Bloß keine Übergaben an Deiner Wohnungstürschwelle. Viel zu grenzenlos! Denn das ist Dein eigenes sicheres Gebiet. Dort darf er nicht denken eindringen zu können.
- Kurze, knappe Übergaben, kein Blickkontakt und keine Diskussionen oder Unterhaltungen.
- Lass Dich nicht zu „Elterntherapien" zwingen - nach allem was wir Mütter mit solchen „Vätern"/Männern durchmachen mussten (jede hat ihre ganz persönliche Geschichte/Erfahrung) grenzt dies an psychischer Vergewaltigung.

Diese Praxis-Punkte gelten natürlich nur für Mütter, die die Elternschaft mit einem tyrannischen Kindes-Vater teilen.

Verlasse nun das Schachbrett

Nachdem es nun in Deine Zellen gesickert ist, hier die praktische Ausführung der obigen Punkte im Alltag:

1 – Konzentriere Dich bei der Übergabe des Kindes nicht auf den Vater, sondern auf Dein Kind:

Keine schlechten Gefühle an den Vater, sondern Gute an das Kind.
Es klingelt, Du gehst mit klopfendem Herzen zur Tür. Der Vater kommt zu spät? Na und. Du wartest solang es bei dir passt (10 Minuten von mir aus..) und dann gehst Du.

Sollte dies wieder zu einem Gerichtstermin vom rasenden Vater aus führen, sagst Du: Tut mir leid ich habe Termine, der Vater wahr nach 10-20 Minuten schon wieder nicht da.
Nimmt man Dir jetzt das Kind weg? Sagt man Dir jetzt: Du Böse, Du musst dafür zahlen?

Lerne selbstbestimmt wieder zu leben und ohne Angst vor Gerichtsbeschlüssen und anderen einengenden Sachen und Auflagen. Freiheitsberaubung habe auch ich mir irgendwann nicht mehr aufzwingen lassen.

Ich lasse mich nicht davon beirren wenn der Vater mit seinem Handy jede Übergabe aufnimmt. Ich lasse mich nicht mehr erpressen oder unter Druck setzen. Ich konzentriere mich auf meine Angelegenheiten. Auf mich und darauf angemessen für mein Kind da zu sein und lasse mich nicht zu Grunde richten. Sollen sich diese Väter mit ihrem Verhalten doch selber völlig verausgaben.

2 - Rede nicht über den Vater- mit niemandem..! Auch nicht mit Deinem neuen Mann:

Natürlich erfährt dieser, und das soll er auch, wie es war und wie es so kam. Aber mit „nicht darüber reden“ meine ich, nicht regelmäßig und immer und immer wieder den Vater als Gesprächsthema haben. Auch nicht bei der Familie und bei Freunden. Wenn wer anfängt, sage einfach“ Ich möchte darüber nicht reden, er gehört hier nicht rein“.
Mach das ein paar Mal und bleib standhaft. Jeder wird es irgendwann verstehen und sein lassen.

Wenn ein Gerichtstermin oder ähnliches war, rede natürlich über den Verlauf und den Ausgang davon, aber gib diesem Thema keine Hauptstellung.

Wenn mein Kind zum Vater soll, erinnere ich es einen Abend zuvor das es morgen dort hin geht. Ich lass mein Kind erzählen aber initiiere dieses Thema nicht selbst. Es ist somit ein Nebenthema für mich geworden, ein Nebenschauplatz, ohne das ich es meinem Kind schlecht mache. Ich habe es schon fast alles vergessen. Nur für dieses wichtige Buch möchte ich diese wichtigen Schritte teilen :)

3 - Schneide die schädigende Verbindung zwischen euch bewusst durch:

<u>- Schau den Vater nicht an und lass dich nicht in Unterhaltungen/Diskussionen verwickeln -</u>

Diskutiere nicht. Niemals! Es sind schlimme Dinge passiert und das Thema „Vater“ hat den größten Platz in Deinem Leben bekommen? Dann hast Du ihm zu viel gegeben. Zu viel Gedanken, zu viel Aufmerksamkeit, zu viel Energie.. zu viel Deines Lebens.

Ziehe sofort die Notbremse und rette Dich. Schau ihn bei der Abholung und Rückgabe nicht an und lass ggf. keine oder so wenig Unterhaltung wie möglich zu. Kein Augenkontakt, keine Verbindung zulassen. Lass dadurch keine Energie zwischen euch rollen oder entstehen.
Ich habe nach 4 Jahren Terror und einem weiteren Gerichtsgang von ihm keinen Machtmissbrauch mehr zugelassen. Kein Angrinsen und beleidigen, nichts mehr.
Ich habe mich damit wirklich gerettet.

Kein Hallo, kein Tschüss, keine Unterhaltung über das Kind, welche eh nur von ihm für unfaire und erniedrigende Diskussion missbraucht wurde. Ich habe mich nur auf mein Kind konzentriert. **Freudig**. Mich freudig verabschiedet und viel Spaß gewünscht.
Es freudig in Empfang genommen und mich sofort mit ihm (dem Kind) beschäftigt.

So wurden Angriffe schon vor der Entstehung im Keim erstickt. Ich habe mich dadurch geschützt. Und die Übergabe für mein Kind so am angenehmsten Gestaltet.

Wenn doch mal ein nettes Wort oder ein lächeln kommen sollte (kriegst Du schon mit, selbst wenn Du ihn nicht anschaust) das ernst gemeint ist kannst du darauf zurück lächeln (geht auch ohne wen anzuschauen). Aber bilde Dir nichts drauf ein. Heute Blumen und morgen der nächste Gerichtstermin in Deinem Briefkasten..

Mach bei so was auch nur als „geschäftliche Reaktion“ mit, so wie Du zu einem anderen Unbekannten wärst. Auf alles andere schaust Du nicht und hörst Du nicht..

Ein Umgangspfleger würde jetzt sagen: „Du musst Dich doch bemühen und das Kind kriegt alles mit!“

Ja, das Kind kriegt alles mit, aber das ist nicht Deine Schuld! Das Kind kriegt auch mit, wenn die Mutter gezwungen ist gute Miene zum bösen Spiel zu machen. Das ist geheuchelt und zu Lasten der Mutter.
Das gibt dem Kind kein besseres Gefühl, ganz im Gegenteil - Es merkt das die Mutter nicht sie sein darf.
Das ändert rein gar nichts an der Situation und auch nicht daran, dass das Kind eh alles mitkriegt.

Viele Frauen sind nicht knallhart genug. Das heißt nicht das sie grundsätzlich hart sein sollen, sondern das sie es bei den richtigen Menschen sein müssen. Vor allem wenn es um den eigenen Schutz und den des Kindes geht.

Deinem Kind vermittelst Du eher Stärke und einen Anker, wenn Du selbst nicht wackelst und entsprechend angemessen die Geschäftsebene fährst auf welcher es Dir sehr viel besser geht!

„Zum Wohle des Kindes“ heucheln oder Dich erniedrigen lassen - dabei musst Du nicht mitmachen. Dein Kind ist bestimmt nicht blöd. Es durchschaut dieses dämliche Spiel auf der Gefühlsebene recht früh.

Wenn ein anderer böses will, kannst Du ihn nicht mit verständnisvollem und bemühtem Verhalten von Dir umändern, so wie uns das die Rechtspfleger und Jugendämter eintrichtern wollen. Also Schranken runter und die sinnvolle Schutzebene betreten. Tu es endlich!

4 - Antworte nicht auf Sms oder Emails oder direkte Gesprächsversuche:

Sie rauben Dir Kraft und führen eh zu nichts. Wenn diese Emails zu falschen Dokumentationszwecken genutzt werden, dann lass den Vater doch falsches oder geheuchelt diplomatisches dokumentieren.
Du druckst sie aus und machst Deine stille Gegendokumentation, was wirklich war und gehst nicht weiter darauf ein. Lesen. Ausdrucken. Deine 2 Minuten-Notizen nach den Umgängen, abheften und schnell wieder weg damit aus Deinem Kopf.
Da ist nur Platz für anderes. Für wichtiges. Für Dein Leben!

Du hast so Aussage gegen Aussage und im Stalking-Fall kannst Du nach ein paar Wochen/Monaten selber mal seine „Bemühungen" nachweisen (Sein Stalking und das stören und negative beeinflussen eures Lebens durch ihn.).

5 - Sei Dankbar:

Bestimmt macht es Dich so richtig wütend wenn Du das hier von mir hörst, während Du noch in der Wutphase und dem „ich werd mich ihm niemals beugen-Phase" bist.

Das kann ich absolut verstehen. Genau in dieser würde mich das auch noch rasend wütend machen. Deswegen haben wir ja auch mit anderen Schritten angefangen und kommen jetzt erst dazu.

Fange also erst damit an den Vater bei den Übergaben nicht mehr anzusehen, so wie oben beschrieben und Deine destruktiven Gefühle damit zu unterbrechen. Ich habe irgendwann vergessen wie er aussieht und das ich mich in seiner Gegenwart schlecht und unwohl gefühlt habe.

Ich konzentrierte mich währenddessen immer nur auf mein Kind, lachte mit ihm und ging auf keine Beleidigung, keinen Angriff und keinen Fuß in der Tür oder sonstige Kommunikationserzwingung ein.

Die miesen Gefühle verschwinden dadurch nach und nach und Du ziehst immer mehr Macht von ihm ab. Ich habe ihn mit seinem direkten Verhalten sogesehen ignoriert - Ausgegrenzt. Aber legitim. Ihm dadurch keine Macht mehr über mich gegeben und ihn immer mehr verschwinden lassen.

Wenn Du damit erfolgreich durchgehalten hast und Deine Gefühle nichts mehr ausrichten, Du also die volle Kontrolle über sie wiedererlangt hast, lerne Dankbarkeit. Und damit meine ich folgendes:

All die schöne Zeit und all die Erlebnisse mit Deinem Kind sind nichts wert, wenn Du danach in Sorge und Angst lebst.

Wenn Du Angst und Sorge durch ein freudiges Gefühl der Dankbarkeit für all die schönen Momente austauschst, hast Du Deinem Leben mehr Macht gegeben und sie dem biologischem Vater im selben Moment entzogen. Das Leben geht weiter. Du kannst also alle Schritte genießen.
Was bringt es Dir sonst „Dein Ding“ zu machen..?

6 - Such Dir einen richtig guten Anwalt:

Zahle diesen nicht mit Beratungshilfekosten oder Prozesskostenhilfe. Sage ihm dies und hab den Mut solange den Anwalt rigoros zu wechseln, bis Du einen hast der sich für DICH einsetzt.
Viele setzen sich nur für das Kindeswohl ein (was ja gut ist) lassen aber die Mutter völlig außer acht.
Oder sie sind so gepolt, dass sie Mutter und Vater in ein geheucheltes „gemeinsames“ Elternsein bringen wollen.

Was nicht geht, geht nicht und Du musst Dich nicht einlullen und in Richtungen bringen lassen die nicht gut für Dich sind und die Du nicht möchtest. Für die Du sogar noch zahlen musst!

Mach dafür Erstgespräche bei verschiedenen Anwälten. Sag ihnen genau was Du möchtest. Was Dein Ziel ist und das Du sie ohne Beratungshilfe oder Prozesskostenhilfe bezahlst. Mach von Dir aus nur Gerichtstermine, wenn dem Kind geschadet wird. Sonst würdest Du ja leugnen und verdrängen.

Auf der anderen Seite: beschäftige Dich nur mit dem nötigsten was dieses Vater-Thema anbelangt. Sonst verläufst Du Dich darin und bist Jahre und jahrzehntelang Opfer darin.

Hör auf Dich zu bemitleiden und die schlechten Gesetzeslagen zu bejammern.
Achte auf die oben aufgeführte Vorgehensweise und grenze alles aus, was Du nicht in Deinem Leben haben willst.

Schau Dir nicht solche Filme oder Serien an, von alleinerziehenden Müttern die im Terror und im elend mit dem Vater leben. Du polst Dich sonst immer mehr darauf, und bekommst auch immer mehr davon.

7 - Dein 2-Minuten-Protokoll:

Schreibe nur kurz nach den Umgängen stichpunktartig und mit vermerk wie Dein Kind drauf war (blaues Auge oder nicht, verstört oder nicht, ggf. ein Foto oder nicht, wie viel der Vater bei Abholung und Rückgabe wieder zu spät war und gut). Mit Datum drauf und lege diese Mappe dann wieder für Deine Anwältin/Deinen Anwalt zur Seite und denke nicht mehr daran.

Wenn Du handeln musst hast du alles in dieser kleinen Mappe für Deine Anwältin beisammen. Mehr kannst und darfst Du nicht tun. Konzentriere Dich auf den richtigen Weg. Wenn Du wieder voller Verzweiflung, Hass oder Ohnmacht bist, nimm diese Buch und erinnere Dich damit an die richtige Vorgehensweise, den Vater aus Deinem persönlichen Leben zu kriegen und es nur noch beim gesetzlichen Umgang zu belassen. Energetisch, gefühlsmäßig und physisch.

Er wird immer da sein. Immer der biologische Vater sein. Aber Du bist deshalb nicht zwangsläufig unfrei oder ein Opfer.

Du hast mehr Macht als Dir ein Anwalt, ein Umgangspfleger, Deine Familie oder Richter jemals sagen würden.
Unterschätze nicht die Macht, wie Du mit den Dingen umgehst und wie sie auf Dein Leben wirken.

Kapitel 9 Alles steht und fällt mit Deiner Einstellung..

Ich habe viel Leid und Ohnmacht durch dem Vater meines Kindes erfahren. Ich habe angefangen ihm durch bestimmte Handlungsweisen keine Macht mehr zuzugestehen.

Du darfst alles und Du kannst alles. Konsequenzen hat alles. Aber das Kind wird man Dir nicht wegnehmen. Vergiss das nicht. Die Freiheit kannst Du Dir auch nur selber nehmen.

Es interessiert mich nicht mehr, wenn ich von meinem Mann kurzfristig in den Urlaub eingeladen werde mit meinem Kind, und man es mir verbieten will. Ich mache es einfach. Ohne böse sein zu wollen.
Nur weil ich es für mich und mein Kind tue.

Ich gebe nichts darauf wenn der Vater wütet und Emails schreibt und mir sagt das ich das laut Gesetz nicht darf. Du hast auch Rechte! Auch wenn Du viele davon niemals kennenlernen wirst. Es ist auch zu anstrengend diese alle herauszufinden.

Und Du hast auch Grenzen bekommen, sogenannte „Pflichten“. Stirbst Du, wenn Du diesen nicht nachkommst? Nein.
Wird dem Vater das Kind entzogen wenn er mal wieder tausend Regeln bricht und sich an Gerichtsbeschlüsse nicht anständig hält? Nein.

Reg Dich ab.. und noch viel wichtiger: Zerstör Dich selber nicht indem Du Dich auf Teufel komm raus zu Deinem Schaden exakt an alles hältst.

Wie gut es mir geht seit ich auf mich und mein Kind achte und eben nicht mehr auf den Vater. Werde mal selbstbewusster und weniger Obrigkeitshörig.

Damals wurden die Frauen dann immer wieder zu Gericht geladen und man hat gesagt: „Du, Du, DU.. sie müssen das Kind aber endlich mal rausgeben."
Heute ist das natürlich nicht mehr ganz so einfach. Aber denke daran- Anwälte arbeiten heute immer mehr ohne Leidenschaft ihre Sachen ab und setzen sich nicht mehr voll für ihre Mandanten ein. Es sei denn sie sind besonders Siegesgeil und tun das für ihr eigenes gutes Siegergefühl.

Sie werden mit Prozesskostenhilfe bezahlt und sind durch ihr Studium sogar geschult und gepolt dem Gericht zuzuarbeiten. Sie arbeiten also mehr für Gerichte als für Dich, der sie bezahlt :)
Durch meinen neuen Mann - ein Polizist (Gott sei dank sind wir uns endlich begegnet!) - habe ich erfahren, dass ein Richter nach Gehaltsgründen laufende Verfahren entscheidet.
Wird eines wieder aufgerollt, gefährdet das seine Gehaltsstufe.
Sie werden demnach gut bezahlt, wie sie Fälle schnell und zügig bearbeiten und abschließen. Wird ein Fall immer und immer wieder aufgerollt, entscheiden Richter einfach zugunsten von dem, der diese angezettelt hat, damit dieser sich nicht noch mal an das Gericht wendet.

Geht also immer der Vater zum Gericht, musst Du das irgendwann umdrehen, weil sonst zu seinen Gunsten entschieden wird.

Man sagt Dir deshalb von anwaltlicher Seite, Umgangspflegern etc. selten, das Du auch „Nein“ sagen kannst, bzw. Urteile etc. anfechten kannst, sie also nicht anerkennen willst.

Du kannst sogar einen Richter wegen Befangenheit ablehnen. Steht alles auch nicht mehr im Rechtsbehelf bei den Urteilen. Es werden mittlerweile sogar gar keiner mehr mit dran-gehängt. Du musst in Wahrheit also gar nichts! Du musst nur den Mut haben Dir dieses „gar nichts“ zuzutrauen, egal wie sehr in Deiner Umgebung Angst vor schlimmen Folgen gemacht wird.

Nochmals: man wird Dich nicht köpfen, einsperren oder Dir das Kind wegnehmen. Sei mal das was jedem zusteht - Ein Mensch mit freiem Willen und dem Recht seinen Weg frei zu gehen.

Und P.S.: Mit alleinigem Sorgerecht kannst Du in den Urlaub fahren wann Du willst und hinziehen wo Du willst. Also starte bloß Dein eigens Business von zuhause, schnapp Dir den besten Mann und zieh da hin wo Du hin willst.

Dein Kind wird die Umgänge überleben, alles andere was damit zusammenhängt (was er in der Zeit mit ihm macht oder nicht macht) musst Du einfach ausblenden - Es sei denn es sind Dinge die Dein Kind auch für später stark schädigen -

Ein Beispiel: Wenn Dein Kind bei Dir windelfrei ist und nur beim Vater eine Windel braucht und immer mit nassen Anziehen und völlig zugepisst nach hause kommt (so war es in meinem Fall) dann ist das ärgerlich und traurig und nimmt Dich mit, aber es ist nichts was Dein Kind auch im Erwachsenen-Alter schädigen wird.

Oder es wird nicht erzogen, bekommt sogar schlechte Manieren extra angeeignet und Du hast tagelang ein unartiges, verstörtes Kind zu hause. Dann hast Du Tonnen an Arbeit all das aufzufangen, aber ein Gericht wird dies bzgl. des Umgangs nicht doll interessieren.
Du kannst nur all diese Dinge in ein Umgangsprotokoll packen und sie bei Gerichtsterminen vorlegen.

Oder der Vater hat wechselnde Bekanntschaften mit Frauen und das Kind muss zu jeder Mama sagen, dann ist das schon schwerwiegender für die Entwicklung des Kindes.

Alles was mit einer störenden Entwicklung für Dein Kind einhergeht oder einhergehen könnte musst Du dokumentieren und als solches (gefährdete Entwicklung des Kindes) vortragen.
Alles andere interessiert nicht (die Befindlichkeiten der Mutter oder des Vaters).

Und wenn ein Vater nicht in der Lage ist sich um ein Kind zu kümmern musst Du auch das festhalten. Mein Kind kam entweder mit blauem Auge oder anderen unnormal auffälligen Wunden an Stirn und Körper wieder. Jedes mal. Das musst Du festhalten.

Wenn Dein Kleinkind im Hochsommer bei 40°C über Stunden und ohne trinken irgendwo hingeschleppt wird und zusammenbricht oder vorzeitig zurückgebracht werden muss, musst Du dies festhalten - am besten noch von einem 3. Unbeteiligtem.

Wie Du siehst, mir geht es doch ganz genauso wie Dir. Mein Kind wird es überleben, ich muss meine Einstellung ändern und mich geistig, seelisch und körperlich allem entziehen was mit diesem Menschen zu tun hat.

Ich hole mir damit meine Macht zurück und befreie mich von der Vaterlast. Tu Du das auch!

Zieht sich der Stress jetzt Jahrzehntelang mit dem Vater? Nicht ganz. Angenommen Dein Kind ist im Kleinkindalter. Und nach 5 Jahren natürlich immer noch nicht volljährig. Aber meinst Du nicht das ein Kind spürt, wenn jemand böse Absichten hat oder jemand einem anderen (der Mutter) Schaden zufügen will?

Ich kenne es aus 2 Beispielen von Bekannten aus meinem Umfeld: Die Kinder haben mit 13 Jahren gespürt das der Vater ein nicht sehr guter Genosse war und wollten von sich aus keinen Kontakt mehr. Und ein Kind das Dir später sagt, ich will lieber zu Papa, Du bist blöd.. lass es gehen :) Den Alltag haben die Kinder mit Dir, Die Highlights haben sie mit dem „Vater".

Sobald sie, und auch er, richtigen Alltag zusammen haben müssen zeigt sich schnell elterliche Unfähigkeit und das Kinder nur die Highlights am anderen Elternteil toll fanden.

So oder so. Mach Dir keinen Stress. Stell Dir vor Du opferst Dich auf und Dein Kind hat später einen wirklich miesen Charakter und schimpft Dich auch noch aus, was für eine blöde Mama Du wärst.. Das lohnt sich doch für beide nicht.

Sei eine tolle Mama. Gib ihm Liebe (Deinem Kind), gib dem Vater keine Macht mehr, steig vom Schachbrett herunter und schau nicht mehr was Du „darfst" und was Du „nicht darfst" Du darfst alles!

Du musst nur lernen die Konsequenzen aushalten zu können (ggf. Gerichtsgänge oder blöde Emails) Du musst voll und ganz Deinen Weg gehen.

Ich ernähre mich und mein Kind ohne Fleisch. Der Vater weiß dies und gibt ihm absichtlich Fleisch. Ich kann mich jetzt aufregen und heulen das das mies von ihm ist- Ich kann aber auch sagen, es wird davon nicht sterben, der Vater hat dies nötig und vergesse dies einfach ganz schnell wieder und mach mir mein Leben nicht unnötig schwer.

Soll er das gemeinsame Kind doch bei Freunden vorführen und sich als Vater brüsken. Soll er es doch tausend neuen Partnerinnen vorstellen. Ich schreibe 2 Minuten auf was war, lege es weg und aus meinem Kopf, gebe meinem Kind einen sicheren Hafen bei mir und fange es wenn nötig auf.

Genauso tut dies sein wahrer Papa. Sein „Seelenpapa“ der zwar nicht sein biologischer Erzeuger ist, aber der den Alltag mit ihm meistert und gestaltet.

Es ist aus höhere Sicht alles in bester Ordnung! Das musst Du nur noch verstehen und annehmen. Ich habe lange gebraucht aus der Wut und der Ohnmacht zu kommen. Möglich ist es auf jeden Fall.

Fazit:
Konzentriere Dich auf die Liebe zu Deinem Kind, aber ohne Dich aufzuopfern, und steige aus der Opferrolle beim Vater aus.
Das ist alles was Du tun kannst und solltest.
Was Dein Kind später daraus macht ist seines..

Die Angst zum Briefkasten zu gehen, die Angst vor der Übergabe, die Angst vor Handlungen des Vaters während des direkten Kontaktes mit Dir. Die Sorge/bzw. das Missverständnis Deinerseits auf Emails, Anrufe oder Sms reagieren zu müssen.
Der Vater meines Kindes führt seit langer Zeit Email- und Sms-Monologe, druckt sich diese aus und meint ein Monolog wäre ein „Beweis" für was auch immer..

Ich dachte immer ich müsste schriftliches auch schriftlich richtig stellen, damit es keine stillschweigende Zustimmung oder Anerkennung dessen wäre. Falsch.

Er macht sein Spiel und ich mache lediglich mein 2-Minuten-Protokoll welches alles rund um den Umgang knapp und übersichtlich festhält und im Falle eines Falls als Gegendarstellung völlig ausreicht.
Tu Du dies auch so und befrei Dich von der Sorge auf alles eingehen zu müssen.

Gehe am besten auf nichts mehr ein, lebe Dein Leben und denke nur diese 2 Minuten kurz daran, ansonsten packe es gedanklich ins Sankt-niemerleins-land.
Du hast Dir damit Deine Macht zurückgeholt und er kann Dich nicht emotional „kriegen"-Nur sich selbst bekriegt er damit.

Du nährst ihn durch Aufmerksamkeit, indem Du ihm zeigst das er Dich verletzten und wütend machen kann - Und Du lässt all seine „Machtbefriedigung" zerpuffen, wenn er auf allen Ebenen Null Aufmerksamkeit mehr von Dir bekommt

Null Genugtuung durch Deine Unantastbarkeit. Das macht IHN Rasend. Nur halt Dich nicht mehr.. Wie Du siehst, ein weiterer Schritt um vom Schachbrett herunter zu treten.

Denn was wollen denn alle (Er, sein Anwalt etc.)? Dich auf dem Schachbrett halten und zum wanken bringen! Mache nicht mehr mit bei diesem Spiel.

Wenn Deinem Kind tatsächlich Schaden zugefügt wird, so musst Du dies beweisen. Sind es lediglich unangenehme Sachen, die es überleben wird, dokumentierst Du diese Dinge nur (ggf. Fotos) und bist für weitere Rechtsstreitigkeiten durch den Vater gewappnet.

In all den anderen Fällen, die Dir zwar nicht gefallen, die Du aber hinnehmen musst und kannst, musst Du Deine Einstellung ändern und gleichzeitig ins menschliche und selbstbewusste handeln kommen, wie oben beschrieben und wie weiter unten noch detaillierter aufgeführt ist.

Es geht nicht über erschöpfenden Kampf..

Das heißt nicht das Du verdrängst und wichtige Dinge die getan werden müssen ignorierst. Es geht über Zuwendung oder Abwendung.

Übermäßige Zuwendung auf das Problem macht Dich Ohnmächtig und zwangsläufig kaputt. Du musst lernen zu kämpfen OHNE Dich zu verausgaben.

Z.B.: ihr habt geteiltes Sorgerecht und Du willst wegziehen - Wenn er es Dir schwer machen will macht er dies, also tu es. Anfechten kann der leibliche Vater ALLES. Das kannst Du eh nicht verhindern.
Tu was für Euch (Dein Kind und Dich) SINN ergibt. Dann sind Deine Chancen bei nachträglichen Verhandlungen und Anfechtungen immer sehr gut.

Die gerichtlichen/amtlichen Entscheidungen sind selten gerecht. Mal hast Du einen Vorteil mehr, mal der Vater.
Willst Du Dich wirklich dahingehend so einschränken das Du immer auf gut Glück jede neue amtliche Entscheidung abwartest?
Mach Dein Ding!

Entscheide Du, wenn was außerhalb der Regel ist, worauf Du aber nicht verzichten willst. Die Konsequenzen werden Dich nicht umbringen, (höchstens Deinen Geldbeutel etwas zehren), aber von Dir selbst erlaubte Knechtschaft wird Dir Dein kostbares Leben einschränken.

Das nötige was getan werden muss tun und zwar ohne Emotionen (z.B. das 2min. Tagebuch) und gleichzeitige Abwendung zum Thema „Vater“ bringt Dir Erfolg.

Auch wenn ein Vateranwalt jetzt in die Hände spuckt und sich über diese neue „Schwäche“ von Dir und den „Sieg“ des Vaters freut. Dieser Sieg ist nur vorübergehend, oder nur im Moment eines gewonnenen oder durch Dein neues Verhalten angezettelten Gerichtstermines.
Was danach damit gemacht wird und wie damit umgegangen wird ist der eigentliche Sieg. Hol ihn Dir.

- Den Fokus auf das haben was ich will - und ausschließlich auf das! - (Es kam ein neuer Mann in mein Leben, genau der den ich wollte)
- Dankbarkeit für mein Kind und die schöne Zeit mit meinem Kind sein.(Der Genuß trat ein.)
- Das aus meinem Leben gefühlsmäßig, geistig und physisch ausschließen was nicht hineingehörte: Der Vater, Gespräche mit ihm, Gefühle für ihn (z.B. aufgebracht und wütend sein obwohl seines unmöglichen Verhaltens während der Kindesübergabe und des sorglosen Umganges).

Die Gesetze sind leider so das Du dem Vater das Kind aushändigen musst, egal wie übel er zu Dir war/ist, wie viel er zahlt oder nicht zahlt, wie sehr er nur Rechte beansprucht und Pflichten nicht nachkommt.

Die Lösung ist einfach: Gib ihm nie mehr Macht über Dich!!

Befolge die vorher genannten Schritte in diesem Buch und regele das auf die richtige Weise. Verfang Dich nicht in Kampf über Jahre und Jahrzehnte.

Du meinst der Umgang tut Deinem Kind nicht gut? Du leidest unter der Stärkung der Väter-rechte dem Versinken in Pflichten und Verzweiflung der Mutter?

Lass diesen beiden Dingen keine Macht mehr über Dich haben. Wende den passenden Weg dafür an, sonst gehst Du unter.
Keiner kann der Mutter so schnell das Kind wegnehmen. Es sei denn Du fügst dem Kind offensichtlichen Schaden zu.

Keiner kann Dich zwingen die mittlerweile berühmten Therapien mit dem Vater zu machen, wenn dieser nicht mehr in Dein Leben gehört. Du musst NICHT die neue Frau des Vaters kennenlernen und ein Patchworkglück vorgaukeln. Du darfst Deinen Weg gehen und trotzdem geht es dem Kind gut.

Nein.. ERST DANN geht es auch dem Kind gut! Wer etwas anderes behauptet will Mütter kontrollieren, manipulieren und zwingen. Mach einfach nicht mit.

Geteiltes Sorgerecht ist nicht möglich wenn die Kommunikation zwischen den Eltern zerrüttet ist? So war es bislang. Auch hier kommt wohl kaum noch eine Mutter drum herum. Angefochten werden die nicht alltäglichen Dinge vom Vater also sowieso.
Aber vergiss nicht das ihr im Falle von geteiltem Sorgerecht auf gleicher Ebene gestellt seid und Du durch geteiltes Sorgerecht nicht plötzlich unter ihm stehst.
Auch dort lebt das Kind immer noch in Deinem Haushalt.

Geteiltes Sorgerecht ist also nicht wirklich schlimmer. Wenn er was nicht will ok.. so was ist dann lästig, aber die alltäglichen Dinge entscheidest weiterhin Du, da das Kind in Deinem Haushalt lebt.

Wenn die Kommunikation zerrüttet ist musst Du auch keine „Paartherapie“ machen. Ich denke das sich viele Alleinerziehende sogar von ihrem Anwalt viel zu sehr bestimmen lassen. Ein Anwalt ist durch seine Ausbildung darauf getrimmt den Gerichten zuzuarbeiten! Sie sind alle mehr oder weniger auf „mit Gewalt zusammenfügen was nicht zusammen passt“ getrimmt.

Ich habe schon erzählt wie angreifbar die Gehaltsklasse eines Richters, durch lästige Kundschaft (Verfahren) bedroht ist. Bestimme Du! Immer mehr über das.

Lass Dir nicht mehr einreden Du wärst für den Vater verantwortlich und müsstest Dich für ihn bemühen. Das wird uns Müttern eingeredet, das es den Kindern dann besser geht. Bull****! Nach 3 Jahren Windeln anlegen üben und nichts klappt, weil er ein Idiot ist und Dich boykottiert, musst Du nicht mehr auf „ihn zu gehen“ und Dich um ihn „kümmern“.

Nur für Dich und Dein Kind bemühst Du Dich. Und wenn das Kind dafür missbraucht wird von all den amtlichen Gehilfserfüllen: Das Du „dem Kind zu liebe mit dem Vater klarkommen“ musst und Dich dafür zerstören lassen musst, dann höre endlich auf auf diese Schlitzohren zu hören.
Du bist für niemanden sonst verantwortlich, außer für Dich und Deine Muttertrolle. Völlig losgelöst von dem Vater und ob er seine Rolle erfüllen kann oder nicht.

Du kannst bei Gericht „Nein“ sagen und musst nicht Deiner Anwältin/Deinem Anwalt folgen, wenn sie etwas will.
Noch einmal: Das Kind wird man Dir so schnell nicht wegnehmen. Gehe diesen Weg und lass Dich weder von panischen Familienmitgliedern, Richtern in Umhängen, Umgangspflegern, „Psychologen“ oder Deinem Anwalt verunsichern oder davon abbringen lassen.

Tu es einfach! Dein Weg für Dich und schließe aus, was nicht darein gehört.

Bei Gerichtsverhandlungen kannst Du Nein sagen. Wenn man es doch geschafft hat Dich zu zwingen kannst Du im Nachhinein dies anfechten. Wenn Du „Regeln“ als „böse Mami“ gebrochen hast kannst Du auch Bußgeldaufforderungen anfechten.

Das worauf wir unsere Aufmerksamkeit richten
wird sich vermehren.
Das was wir ignorieren (auch gefühlstechnisch) wird in den
Hintergrund treten oder ganz verschwinden.

Deswegen wird die Konzentration, z.B. auf einen neuen Mann, den alten Mann den Du nicht mehr willst verblassen lassen.

Kapitel 10 Das Recht ein Mensch zu sein (Mensch sein – nicht mehr „Aktenzeichen“)

Das Ziel eines jeden Lebens ist die Weiterentwicklung und jedes Lebewesen hat das unwiderrufliche Recht auf alle Weiterentwicklung die es erreichen kann.

Egal was ein Beschluss oder eine Anordnung sagt. Du hast ein menschliches Recht!

Das Recht des Menschen auf Leben bedeutet das Recht auf Nutzung von plötzlichen Möglichkeiten im Leben (Planänderungen, Urlaube, menschliche Begegnungen etc.) die sich ihm bieten. Das erfordert selbstbewussten/selbstbestimmten Umgang mit der eigenen Lebenszeit.

Die anderen machen zwar die Regeln.. aber Du triffst die Entscheidungen!
Klar ausgedrückt heißt das: Ein Beschluss ist eine festgelegte Regel von Menschen die über Deine Zeit wallten wollen. Dein Leben sind aber flexible Vorgänge/Möglichkeiten/Chancen für die ein Beschluss nicht gemacht ist.

Das nutzen dieser Möglichkeiten (welche auch unverhofft und „außerplanmäßig“ kommen) hast Du zu beschließen, indem Du sie selbstbewusst ergreifst.

Ein Gerichtsbeschluss ist etwas starres. Leben ist aber nichts starres. Und wenn es zum Wohle Deiner Weiterentwicklung ist (und somit zum Wohle der Weiterentwicklung Deines Kindes ist) ist es richtig. Und etwas das richtig ist muss später nie gerechtfertigt werden (Gerichtstermine etc.), sondern nur plausibel dargelegt werden.

Auch wenn ein Anwalt Dir was anderes dazu sagt. Er verdient ja damit sein Geld. Aber dafür wird Dir nicht Dein Kind weggenommen. Du kannst Dich nur selber befreien, wenn Du aufhörst nach Gesetzeslücken, Gesetzestexten und/oder Vorgaben zu suchen und zu leben, sondern anfängst Dich als Mensch zu betrachten und von dieser Warte aus selbstbestimmte Entscheidungen FÜR Dich und Dein Leben fällst.
Diese selbstbewusst durchziehst und mit dem Wissen das es zu eurem Wohle ist und damit später ggf. argumentierst.

Vertritt Dich! Und rechtfertige Dich weniger.

Wenn Du bei Entscheidungen die anstehen unsicher bist weil „der Vater könnte ja jetzt.. wie reagiert er jetzt..“ dann frage Dich nur: Was ist in diesem Fall jetzt zu unserem (Deins und das Deines Kindes) Wohle?
Und die Entscheidung ist klar.

Klar sagen Gerichte und Anwälte das sie, und nur sie, wissen was zum wohle des Kindes ist und was der Mutter zumutbar ist. Aber das wissen sie eben NICHT. Das ist anmaßend. Das gibst Du nicht an andere ab. Egal wie häufig der Befehl an Dich ausgesprochen wird.

An Beschlüsse muss man sich halten, aber Du hast das Recht flexibel zu reagieren, weil nur Du weist was gut für Euch ist, was ihr braucht und was von einem Moment zum nächsten wichtig ist.
Du hast also das menschliche Recht und das mütterliche Recht flexibel zu reagieren, wenn die Umstände etwas neues erfordern (Ein Gerichtsbeschluss ist festgelegt und nicht flexibel). Du kannst sie also ohne angst „anpassen/abändern", wenn es zu Eurem Wohle ist.

Es ist egal wie das jemand später findet oder darüber urteilt! Du musst es vor Dir und vor Deinem Leben rechtfertigen und vertreten können!

Merke:
Freiheit ist NICHT von anderen Menschen abhängig. Freiheit ist das Ergebnis, gewisse Dinge auf eine gewisse Art zu tun (Entscheidungen Situationsbedingt zu UNSEREM Wohle treffen - nicht zum Wohle des Vaters wie uns Müttern immer eingetrichtert wird.).

Wer diese Dinge auf diese bestimmte Weise ausführt, egal ob absichtlich oder zufällig, wird immer frei sein.
Wer diese Dinge nicht auf diese bestimmte Weise tut (z.B. Gerichtsbeschlüsse starr befolgen und darunter leiden oder nur zum Nachteil des Vaters blind boykottieren), bleibt im System gefangen. Egal wie sehr er sich anstrengt!

Vergiss nicht das extreme Selbstaufopferung (sich dem Schicksal, dem Vater, einem Gerichtsbeschluss ergeben) nicht besser oder klüger ist, als extreme Selbstsucht (auf Teufel komm raus boykottieren) beides ist ein Irrtum.

Wirf die Vorstellung über Bord das Du Dich und Dein Leben wegen Vorgaben opfern musst und das Du dadurch dann möglichst ohne auftreten von Problemen „hindurch kommst“. Das wirst Du nicht!
Wer Dich schikanieren und einengen will tut dies, egal ob Du Dich „brav“ an alles hältst oder nicht. (Stunk macht Papa doch eh wenn er kann!)

Es wird wegen falscher Rücksicht kein Frieden entstehen. Den erlangst Du dadurch das Du das Optimum für Dich machst und für Dich und Dein Kind erreichst. Und Du kannst jede „Vaterkomplikation“ am besten vereinfachen indem Du das Optimum aus Dir und Deinem Leben machst.

Sei ein Erschaffer und kein Bekämpfer:

Lass den Gedanken des Wettbewerbs los. Du musst Dich über die Dinge stellen. Du sollst durch eigene Selbstbestimmte und flexible Entscheidung Dein gutes Leben kreieren und fördern, nicht um den vorhandenen Umgang konkurrieren.

Es geht nicht darum dem Vater etwas weg zu nehmen. Du brauchst auch nicht darüber diskutieren oder feilschen. Du brauchst nicht auf seine Rechte schielen oder sie Dir aneignen wollen. Sei ein Erschaffer und kein Konkurrent!

Schau auf die Gegebenheiten die DU haben willst und nicht auf die, die Du wegnehmen willst. Dadurch wirst Du Dir das nehmen und das erleben was Du willst, aber auf eine Weise die Dich nicht an ihn bindet. Die Dich nicht unfrei macht.

Auf eine freie, natürliche Weise, dass die Vorteile für Dich und Dein Kind immer gerechtfertigt sein werden ohne das man Dir „was kann".

Mir ist klar wie viele Frauen im Kampf stecken. Vergiss ihn doch einfach mal und stell immer einen großen Nutzen hinter Dein Handeln und hinter Deine Entscheidungen, dann bist Du immer im sicheren Argumentationsfeld.

Z.B.: Du kannst 3 Wochen verreisen und raus kommen. Dann ist der große Nutzen darin endlich mal mit dem Kind raus zu kommen, abzuschalten und die Erholung.

Du machst dies FÜR Euch. Du entscheidest Dich dafür und vertrittst es danach auch so. Logisch und plausibel, egal wie „falsch" es in den Augen anderer war oder ist.
Das „Du, du, du.." und den Fingerzeig des Richters kannst Du Dir dann auch von der Backe wischen und weiter.

Wie Du Dich psychisch befreist:

Die Dinge und Ereignisse die Dir Freude und Lust bereiten nachdem Du sie getan hast mit einem dankbaren Gefühl betrachten, anstatt Dich danach zu schämen und zu sorgen was diese für Konsequenzen haben könnten.

Für Dich und Deine Bedürfnisse mutig einstehen, anstatt sie mit Sorge mit dankbarer Freude zu betrachten lenkt Deinen Geist und Deine Aufmerksamkeit in die Richtung aus der Dein gutes Leben kommt.

Deine Konzentration bleibt im schöpferischem Erschaffen, nicht in niederen Konkurrenzgedanken oder aufopferndem Kampf.

Ohne dankbare Freude, nachdem Du Dir was „raus genommen" hast was Du „nicht darfst", lohnt es sich nicht, weil der Genuss dabei fehlt und Du keine echte Freiheit für Dich erschaffen hast. Wenn Du es zulässt Dich zu sorgen, welche Schritte Papa nun unternehmen wird, wirst Du unzufrieden und fängst an den Boden unter den Füßen zu verlieren.

Dann ist Deine Aufmerksamkeit auf das Elend gerichtet und Du hättest genauso gut starr allen Auflagen folgen können.
Richte Deine Aufmerksamkeit auf den Nutzen den Du durch Dein Handeln hattest. Dann hast Du auch echte Vorteile und echte Freiheit zu verbuchen. Lebe einfach ganz normal!

Jede Sekunde, jede Stunde die Du damit verbringst Sorgen und Ängsten nachzugeben verursacht eine Strömung weg von Deinem freien Leben.

Und hier kommt Dein Wille ins Spiel:
Du bestimmst mit Deinem Willen ob Du Ängste und Sorgen zulässt oder endlich selbstbewusst wirst.

Kehre der Entmündigung den Rücken und „tu Gutes" für Dich und für Dein Kind.

Befrei Dich! Das ist das Beste was Du für Deine Weiterentwicklung/für Dein Leben tun kannst.
Verschwende bei diesem Thema keine Zeit mehr an Angst! Dafür ist das Leben zu kurz!

Wenn Du die Intention (die Absicht) Deiner Handlungen auf Dich richtest und nicht auf den Vater - bist Du unangreifbar! Unkaputtbar! Und unbegrenzbar.. Man nennt es FREI

Dein wichtigster Aktionsschritt:
Drucke Dir Deinen 4-Wochen-Transformationsplan aus und befrei Dich endlich von der großen Last..

www.Alleinerziehend-KlasseMami.de/Mach-es-Dir-leichter-Bonus

Ich hoffe, dass Du das Thema Auflagen und Schuld ein für alle mal losgelassen hast und Dich stattdessen auf Dein menschliches Recht der Freiheit konzentrierst.

Letztendlich muss jeder Mensch seine eigenen Regeln entwerfen- Hauptsache sie funktionieren. Für mich funktioniert es so und ich bin froh das ich es niedergeschrieben habe um es mit Dir zu teilen :)

Du hast ein natürliches Recht auf ein privates Leben, wie jeder andere Mensch auch. Du musst lediglich Umgang gewähren, egal in welchem Umfang.

Abschluss-Fazit dieses Buches:

Der Schlüssel ist Dich nicht mehr aufregen (raus aus den Emotionen, geschäftlich werden und nur das nötigste den Umgang betreffend besprechen).

Keine Diskussionen aber pragmatisch werden (Ausweichtermin anbieten reicht aus, regulären Umgang die meiste Zeit stattfinden lassen).

Es ist egal was irgendeine Institution, irgendein Mensch oder irgendein Richter von Dir denkt- man wird Dir niemals das Kind wegnehmen.

Gelassene Einstellung- Dein Kind lebt bei Dir. Es kann später und auch schon jetzt mehr einordnen als Du denkst. Es wächst in Deinem Haushalt auf und wird von Dir geprägt. Also kümmer Dich verdammt noch mal um Dein gutes Leben das Du ihm vorlebst, wisch Dir Zwischenfälle mit dem Papa etc. von der Backe und lebt ein gutes Leben :)

Der Vater meines Kindes hat sich entschieden GEGEN die Mutter seines Kindes zu arbeiten. Ich habe mich entschieden FÜR meine Freiheit einzustehen und die Leben anderer alleinerziehender Mamis zu bestärken.

Und für was hast Du Dich entschieden..? ;)

„Die Großen hören auf zu herrschen,
wenn die Kleinen aufhören zu kriechen."

- Friedrich Schiller -

Deine Frauke

„..Weil meine Welt auch Deine Welt sein kann..“
– aus dem Walt Disney Film „Alladin“ –

Hier noch mal Dein Bonus zum Download:
www.Alleinerziehend-KlasseMami.de/Mach-es-Dir-leichter-Bonus

Über die Autorin

Frauke Schmidt, geboren 1987 und Gründerin von Alleinerziehend-KlasseMami.
Sie schrieb bereits während ihrer Schwangerschaft und nach der Trennung vom Vater des Kindes ihr erstes Buch für Frauen in gleicher Situation.

Kurz nach der Geburt ihres Sohnes gründete sie mit 24 Jahren ihre erste eigene Firma. Sie ist heute beruflich als Autorin und Trainerin für alleinerziehende Frauen tätig.

Aufgewachsen in einer Heilpraktiker-, Psychologen- und Ernährungsberater-Familie, begann sie schon mit 13 Jahren, ihre Mutter in den Sommerferien regelmäßig in die Vereinigten Staaten zu begleiten, um dort mit ihr gemeinsam an Weiterbildungen, Schulungen und Kursen zu Gesundheitsthemen teilzunehmen und sich ebenfalls darin ausbilden zu lassen.

Weiterbildungen zur alternativen Schönheitspflege führten sie zur anschließenden Fach-Ausbildung am Cosmetic College Dr. Rimpler. Außerdem ist sie ausgebildete Ernährungsberaterin nach Dr. med. M. O. Bruker.

Die persönliche Bekanntschaft mit dem berühmten Mikrobiologen und Pionier der Ernährungswissenschaft, Dr. Robert O. Young aus den USA, ließ sie noch tiefer in die Materie einsteigen und seither beschäftigt sie sich vorrangig mit Themen der Gesundheitspflege und dem daran gekoppelten „Lifestyle" des grundsätzlichen Wohlgefühls im Leben.

Gerade bei herausfordernden Lebenssituationen berät sie Frauen in Gesundheitsfragen und positiver Geisteshaltung sowie in ihren Verhaltensweisen.

Über Mich

Hallo liebe Single-Mama!

Mein Name ist Frauke Schmidt, ich bin zu diesem Zeitpunkt 28 Jahre alt und alleinerziehende Mama von einem fast 3-jährigen Jungen. Ich arbeite beruflich selbstständig als Trainerin und Autorin und coache andere alleinerziehende Mamis.

2014 gründete ich den Blog von Alleinerziehend-KlasseMami und veröffentlichte bereits 6 erstklassige und hilfreiche Bücher für Single-Mamis, sowie 3 Onlinekurse.

Ich bin hier, um Dir zu zeigen, wie Du es wuppst.

Damit meine ich ein erfülltes, leichtes, glückliches und finanziell sicheres Leben zu führen.
Mehr Zeit für Dich, Dein Kind (bzw. Deine Kinder) und Deine Sachen.

Übersetzt heißt das: weniger Frust, weniger k. o. und ohne Zukunftsängste. Ein Leben in mehr Leichtigkeit und Freiheit. Eine Umwelt, die Dich liebt und schätzt und sich um Dich reißt.

Ich bin hier, um Dir zu zeigen, wie Du Dir Dein Leben zurückholst!

Deswegen bin ich selbstständige Unternehmerin und leidenschaftliche Vollblut-Mami. Meine Arbeit als Coach, Autorin und Pionierin ist pure Passion.

Mein Laptop ist meine Hauptarbeitsstelle und mein Kind mein Antrieb und meine Inspiration.

Meine Anleitungen für Single-Mamis sind genauso Mut machend wie informativ und einfach umsetzbar.
Egal, welch unterschiedliche Frauen mit meinen Anleitungen gearbeitet haben, keine von ihnen lief jemals wieder mit hängendem Kopf oder gar hilflos durch die Straßen.

Ich helfe alleinerziehenden Mamis aus Deutschland, Österreich und bis in die Schweiz durch klare und erprobte, leicht anwendbare Schritt-für-Schritt-Anleitungen, es zu wuppen und ein Leben zu leben, um das sie jede Nicht-Alleinerziehende und jede Nicht-Mama durch die Bank weg beneidet.

„Fraukes Anleitungen sind ein Zeugnis der Kraft, die entsteht, wenn man (Frau) die Blickrichtung vom Problem weg und zur Lösung hinwendet. Vielen Dank für Deine Arbeit!“

-Susanne aus Berlin-

"Ich finde es wirklich supertoll, einen Leitfaden gefunden zu haben, der mir durch diese schwierige Lebensphase hilft. Man fühlt sich oft alleine und fragt nach dem Warum. Dabei gibt es wirklich viele Frauen in ähnlicher Lage. Mich hat das Lesen unheimlich beruhigt, mir Mut und Kraft gegeben."

-Franziska K.-

"Ich freue mich echt total, auf deine Seite gestoßen zu sein! Als ich gelesen habe, dass es anderen genau so geht wie mir, und ich nicht alleine damit stehe, ging's mir Tag für Tag ein wenig besser. Ich finde es faszinierend und lobenswert, dass du dir in der selben Situation die Mühe gemacht hast und diese Tipps, bzw. dieses Buch für Frauen geschrieben hast, die ansonsten wahrscheinlich schon längst den Kopf hängen gelassen hätten! Richtig toll :) und ich freue mich auch jeden Tag auf eine E-Mail von dir mit weiteren Tipps! Mach weiter so, viele liebe Grüße aus Emden, Ostfriesland

-Insa U.-

Wie alles anfing..

Als ich damals schwanger wurde, stand ich nach der Bekanntgabe derer ganz alleine da. Der Vater wollte das Kind nicht und ich zog übergangsweise zurück zu meinen Eltern. Ich war damals völlig verzweifelt. Allerdings nicht übermäßig lange ...

Denn der Weg, den ich ab da gehen musste, hat mich gestärkt und mir meine Kraft und meine Echtheit gegeben.

Durch Demut und beharrliches Nach-vorne-Schauen habe ich mich und mein Kind aktiv mit größtem Verantwortungsbewusstsein und liebevoller Hinwendung in ein Leben bringen können, das ich anders nie so kraftvoll und selbstbestimmt hätte gestalten können.

Ich hatte damals die Wahl, in Selbstmitleid und Schuldgefühlen unterzugehen oder mich aufzurichten und mich aktiv meiner neuen (Lebens-)Aufgabe mutig zu stellen.
Mir und meinem Kind das zu erschaffen, was ich wirklich wollte. Ein Leben in Freiheit, die alten Konventionen abgestreift, unabhängig und voller Freude, gespannt, welche Herausforderungen mir als Nächstes begegnen würden. Und natürlich mein Kind. Ein Segen und meine größte Liebe, für das ich voller Dankbarkeit bin.

Ich habe gelernt, probiert, gelitten und Erfolge gehabt. Ich ließ mich inspirieren und inspirierte schließlich selbst.

Ich traf eine Entscheidung. Und ich danke Gott dafür, wohin sie mich gebracht hat.
Wir haben eine große Aufgabe, und diejenigen von uns, die wirklich wollen, werden sie meistern, auf kraftvolle Art und Weise!

Ich glaube, dass jede Alleinerziehende, die die Entscheidung für ein kraftvolles, mutiges und volles Leben fällt, alles haben und erreichen kann, was sie sich vorstellt.

Wenn Du heutzutage mitmischen willst, musst Du Deine vergrabenen Potenziale freischaufeln und sie leben! Das bedeutet, Deinem eigenen Wert, Deiner eigenen Schönheit und Deinen eigenen Wünschen freudig „Hallo" zu sagen..

Davon abgesehen glaube ich, dass nicht nur Alleinerziehende, sondern auch jede andere Frau in einer bestimmten Art und Weise an das Leben herantreten sollte, um ihre Ziele, ihr Glück und diesen Planeten in vollster Weise auszukosten.

Ich bin mit meinen leicht umzusetzenden Schritt-für-Schritt-Anleitungen bekannt dafür, Angst in Vertrauen und Hoffnungslosigkeit in Mut und Freude umzusetzen.

Ich helfe Dir, in Deine Kraft zu kommen!

Werde das, was die Welt für Dich vorgesehen hat: eine glückliche, starke und begehrenswerte, attraktive Mami und Frau!

Mir liegt viel an Deinem Fortschritt. Durch meine wöchentlichen kostenlosen E-Mail-Trainings und meine legendären Anleitungen in meinen Büchern lernst Du, Dich zu entwickeln und das zu bekommen, was Du für Dich und Dein Kind (Deine Kinder) erreichen willst.
(Hier kannst Du Dich selbst zum kostenlosen Training eintragen: www.Alleinerziehend-KlasseMami.de/3-beste-Tipps)

Wann immer ich neue und hilfreiche Produkte oder wunderbare andere Infos anbiete, von denen ich denke, dass sie Dein Leben bereichern, gibt Dir mein Newsletter rechtzeitig Bescheid.

Trag Dich über diese Adresse ein und hol Dir regelmäßige kostenlose Inspiration!

www.Alleinerziehend-KlasseMami.de/3-beste-Tipps

Natürlich bin ich keine Übermutter oder Heilige. Ich werde niemals behaupten, perfekt und fehlerlos zu sein (wie langweilig).

Mein Ziel ist es, das Allerbeste in Dir und Deinem Leben zum Vorschein zu bringen, Dich aufzurichten, lächeln zu lassen und Deinen Weg für alles Weitere zu ebnen.
So ehrlich und kraftvoll, wie es nur geht.

Auf das schönste Mutter- und Frau-Sein!
Deine Frauke

In der Alleinerziehend-KlasseMami-Serie bereits erschienen:

„Hol Dir Dein Leben zurück!"
Wie ich mir und meinem Kind ein glückliches, soziales und unabhängiges Leben erschuf.. und wie Du das auch schaffen kannst!

„Sei fit und attraktiv!"
Wie Du aus der Erschöpfung kommst..
und dabei unverschämt gut aussiehst!

"Die ultimative Single-Mama-Checkliste"
Wie Du aus der Isolation kommst.. und die schönsten Freundschaften knüpfst!

"Mach es Dir leichter mit dem Papa!"
Warum Du nicht leiden musst.. und wie Du ihn perfekt handhabst!

Willst Du das Geheimnis wissen, gluecklich und erfolgreich alleinerziehend zu sein?

Bist Du bereit, Deine persönliche Freiheit zu erlangen, Dir und Deinem Kind eine sichere Zukunft aufzubauen und endlich wieder ein soziales Leben zu genießen?

Ich zeige Dir in diesem ersten und einzigen lösungsorientierten Buch, das es für Single-Mamis gibt, die nötigen Schritte, um alleinerziehend endlich glücklich zu sein!

Ich helfe alleinerziehenden Mamis aus Deutschland, Österreich und bis in die Schweiz durch klare und erprobte, leicht anwendbare Schritt-für-Schritt-Anleitungen, es zu wuppen und ein Leben zu leben, um das sie jede Nicht-Alleinerziehende und jede Nicht-Mama durch die Bank weg beneidet.

Dies ist ein Schritt-für-Schritt-Programm, welches..

- Dich in Deine Kraft kommen lässt und aus der Erschöpfung holt.

- Dir Dein soziales Leben zurückgibt, ein besseres und mit noch tieferen Beziehungen und Freundschaften als jemals zuvor.

- Dir die Herrschaft über Deine Finanzen sowie das erfolgreiche Erreichen Deines persönlichen Lebensplanes ermöglicht.

- Dir Klarheit und Struktur gibt, um das tun zu können, was DU willst.

– Dich ein Leben erschaffen lässt, das noch besser ist als vor Deinem Alleinerziehenden-Dasein.

„Ich habe es gestern Nacht noch gelesen und bin begeistert! Das Buch ist tief berührend, voller Power und jeden Cent wert."

- Babsi H. -

„Mit großer Begeisterung habe ich Dein Buch gelesen. Es zeigt klar und deutlich Wege und Lösungen auf, mit denen man arbeiten kann. Ich habe bereits einige Tipps umgesetzt und fühle, dass meine Energie zurückkommt. Voller Tatendrang freue ich mich auf unser neues Leben. Mit Deinen Tipps, kann es jede Mami schaffen, dass sie ihre Göttlichkeit und Großartigkeit wieder erkennt und zu ihrem Vorteil einsetzt. Ganz herzlichen Dank!"

- Michaela aus Aschaffenburg -

„Ich bin so froh Deine Seite entdeckt zu haben. Das Buch kam zum richtigen Zeitpunkt raus, da ich immer wieder verzweifelt war. Es hilft mir, wieder meine Kraft zu erkennen und mich auf das zu konzentrieren, was vor mir und meinem Kind liegt und mich nicht dauernd von dem Negativen runterziehen lassen.«

- Nadine aus Backnang (nähe Stuttgart) -

Kostenloses Coaching zum Thema Deiner Wahl direkt in Dein E-Mail-Postfach unter:

www.Alleinerziehend-KlasseMami.de/kostenlose-Coachings

17130820R00084

Printed in Poland
by Amazon Fulfillment
Poland Sp. z o.o., Wrocław